LA ECONOMÍA DIGITAL Y EL COMERCIO ELECTRÓNICO

SU INCIDENCIA EN EL SISTEMA TRIBUTARIO

RAQUEL ÁLAMO CERRILLO

LA ECONOMÍA DIGITAL Y EL COMERCIO ELECTRÓNICO

SU INCIDENCIA EN EL SISTEMA TRIBUTARIO

DYKINSON

Colección Fiscalidad
Director: D. Rafael Calvo Ortega

Proyecto MINECO: Fiscalidad y nuevas tecnologías en el comercio y de la información. Propuestas para la adaptación del Sistema Tributario a las exigencias de la economía y la sociedad digitales.
(DER2014-55677-R)

Este libro ha sido sometido a evaluación por parte de nuestro Consejo Editorial
Para mayor información, véase www.dykinson.com/quienes_somos

Editorial DYKINSON, S.L. Meléndez Valdés, 61 - 28015 Madrid
Teléfono (+34) 91 544 28 46 - (+34) 91 544 28 69
e-mail: info@dykinson.com
http://www.dykinson.es
http://www.dykinson.com

ISBN: 978-84-xxxxxxx
Depósito Legal: xx-xxx-xxxx

Maquetación:
GERMÁN BALAGUER - german.balaguer@gmail.com

ÍNDICE

1. LA SOCIEDAD DE LA INFORMACIÓN Y LA APARICIÓN DEL COMERCIO ELECTRÓNICO

1.1. LA SOCIEDAD DE LA INFORMACIÓN Y LA NUEVA ECONOMÍA

La aparición de las nuevas Tecnologías de la Información y la Comunicación –TIC– han dado lugar a transformaciones de gran calado en todos los ámbitos de la sociedad, constituyendo un elemento clave para el desarrollo económico y social de las jurisdicciones. Ya que las mismas han originado una rápida obsolescencia de los conocimientos así como la emergencia de nuevos valores, circunstancia que provoca una vertiginosa evolución de las estructuras económicas y sociales.

Actualmente, las empresas están transformando sus cadenas de suministro y demanda, así, como su organización interna para beneficiarse plenamente de las TIC, pues estas les permiten un mejor aprovechamiento de los recursos con unos menores costes, lo que se traduce en mayores beneficios para las mismas. De la misma manera, los gobiernos están reestructurando las formas de prestar servicios e interactuar con los ciudadanos y las empresas, de manera que los trámites y gestiones administrativos se realicen en un plazo más reducido, en algunos casos, incluso, de forma instantánea, evitando largos desplazamientos –a lo que denominamos e-administración–. Así mismo, los ciudadanos se han tenido que adaptar a la nueva realidad, donde las TIC forman parte de la vida cotidiana y por ello han modificado sus patrones de consumo y gasto, donde las nuevas tecnologías cada vez tienen una mayor presencia, puesto que las mismas facilitan y agilizan muchas de las tareas que con anterioridad a los consumidores les reducían su tiempo de ocio, a la vez que les suponía unos mayores costes, ya fueran de desplazamiento o económicos.

En cualquier caso, la reestructuración de las Administraciones Públicas debe ir más allá de buscar nuevas formas de interactuar con los contribuyentes, ya se trate de personas físicas o jurídicas. Ya que las nuevas tecnologías han dado lugar a nuevas formas de interactuar en el mercado, dónde la presencia física, de compradores y vendedores, ya no es necesaria. La red de redes, Internet, se ha convertido en una herramienta clave para llevar a cabo transacciones económicas, donde los bienes físicos dejan paso a los intangibles. Por ello, uno de los principales objetivos de las Administraciones ha de ser que los sistemas tributarios actuales recojan las particularidades de la nueva forma de llevar a cabo transacciones comerciales, ya que los mismos fueron diseñados cuando las nuevas tecnologías eran una realidad impensable.

A todas las transformaciones producidas en los últimos años consecuencia de la irrupción de las TIC se ha denominado "Sociedad de la Información". La Comisión Europea entiende por Sociedad de la Información: "*El conjunto de cambios sociales y organizativos producidos como resultado de la acción de las nuevas tecnologías aparecidas en el campo de la información y las comunicaciones*[1]". La Sociedad de la Información responde al nuevo modelo de organización económica y social donde la creación, la manipulación y la distribución de la información son parte esencial de las actividades económicas y sociales.

---

1 Recogido en el COM (93) 700 Final de 5 de diciembre de 1993. Crecimiento, competitividad y empleo. Los retos y pistas para entrar en el siglo 21. http://europa.eu/documentation/official-docs/white-papers/pdf/growth_wp_com_93_700_parts_a_b.pdf

El crecimiento de la sociedad de la información queda reflejado, en la Tabla 1, donde se muestra la importancia de los mercados digitales. El volumen de dinero que mueven los mercados digitales se incrementa año tras año, incluso con la crisis económica experimentada a nivel mundial, aunque la aportación del mismo al Producto Interior Bruto –PIB– mundial se ha visto resentida de forma mínima.

Tabla 1: Contribución del mercado digital al PIB mundial.

	2009	2010	2011	2012	2013
Mercado digital (Billones €)	3.015	3.156	3.277	3.370	3.478
Crecimiento interanual	-2,1%	4,7%	3,9%	2,8%	3,2%
PIB Mundial (Billones de €)	45.966	49.548	52.949	55.770	58.768
Crecimiento interanual	-1.1%	7,8%	6,9%	5,3%	5,4%
Mercado digital cómo % del PIB	6,6%	6,4%	6,2%	6,0%	5,9%

Fuente: DigiWorld by IDATE (2014): The challenges of the digital world DigiWorld Yearbook 2014, disponible en: http://www.idate.org/en/Forum/DigiWorld-Yearbook/2014-Edition_95_.html. Consultado el 11 de abril de 2016.

La Sociedad de la Información es responsable de una parte importante del crecimiento económico de los Estados, convirtiéndose en algunos casos en una industria clave para el país. Los avances tecnológicos, principalmente, las innovaciones en el ámbito de la información y la comunicación, han contribuido a un proceso globalizador de la economía, caracterizado por un rápido crecimiento económico, acompañado de bajas tasas de inflación, al que se ha denominado Nueva Economía[2].

---

[2] El origen del término Nueva Economía se encuentra en la década de los noventa, a finales de la misma la economía de EE.UU. discurría por una senda de crecimiento económico que se caracterizaba por ser la más prolongada a lo largo

La Nueva Economía trata de la adquisición, procesamiento, transformación y distribución del conocimiento y de la información. Siendo la globalización y liberalización de los mercados, la diseminación de las tecnologías de la información y la comunicación, los rasgos esenciales de la misma. El paso de la economía tradicional a la nueva economía no ha sido un hecho casual, el mismo es consecuencia de las inversiones de los Estados y empresas, tanto en tecnologías de la información y la comunicación como en procesos productivos nuevos. En la tabla siguiente se pueden observar las principales características de la nueva economía, divididas en tres importantes grupos: globalización, TIC y adaptación del mundo empresarial. La combinación de estas características, es lo que denominamos nueva economía.

Tabla 2: Rasgos característicos de la Nueva Economía.

1. Entorno internacional: Globalización
- Mercados amplios y cambiantes. - Importancia de fusiones y adquisiciones de empresas. - Grandes flujos internacionales de capitales. - Movilidad de las áreas de negocio de las empresas. - Integración en zonas geográficas supranacionales.
2. Innovación tecnológica: Efectos directos de las nuevas TIC a escala macro
- Mejoras de la productividad y menores tensiones inflacionistas. - Cambio en la importancia relativa de los factores de producción: el conocimiento y la innovación frente al capital físico. - Alteración de estructuras de producción sectorial y empleo. - Revisión del papel de los gobiernos: desregulación. - Nuevas profesiones.

de su historia económica, sin que existieran tensiones inflacionistas ni problemas de desempleo.

3. Gestión empresarial: Adaptación al cambio
- Producción flexible. - Importancia de la innovación y la I+D. - Alianzas, subcontratación y colaboraciones con clientes y proveedores. - Alteración de los ejes tradicionales del trabajo: cambio de tarea, horario flexible y desubicación. - Formación continuada.

FUENTE: N-economía. http://n-economia.com/fichas-n-economia/i-comprender-la-nueva-economia-y-sus-efectos-macroeconomicos/ Consultado el 18 abril de 2016.

En cualquier caso, nueva economía no excluye ni sustituye a la economía tradicional, lo que se produce es una convivencia de ambas. Las principales diferencias que encontramos entre estas son[3]:

- Generalización de los rendimientos crecientes, frente a los rendimientos decrecientes o constantes de la vieja economía.
- El sostén científico de la nueva economía es la biología (estructuras, pautas, autoorganizaciones, ciclos de vida), frente a la física del siglo XIX (equilibrio, estabilidad, determinismo) que ha venido soportando conceptualmente la vieja economía.
- Mientras que en la vieja economía no hay externalidades, ya que todos los agentes económicos tienen las mismas habilidades, en la nueva economía las externalidades y las diferencias devienen fuerzas directivas.
- En la economía clásica los elementos principales son cantidades y precios; en la nueva economía se trata de pautas y posibilidades. Frente al equilibrio de la vieja economía

[3] BANEGAS, J. (2003): La nueva economía en España. Las TIC, la productividad y el crecimiento económico, Alianza Editorial, Madrid, pág. 58.

que niega un dinamismo real, la nueva economía está constantemente en el borde del tiempo; se apresura hacia estructuras decadentes, cambiantes.

- Para la vieja economía el sujeto es estructuralmente simple, mientras que en la nueva economía lo considera inherentemente complejo.

En la Nueva Economía se da un predominio de lo intangible, ya se trate de ideas, información o conocimientos entre otros, así como de los servicios, frente a los tradicionales bienes físicos de la economía tradicional. Además, la transición de un modelo de economía a otro se ha realizado de forma simultánea en prácticamente la totalidad de las economías mundiales, consecuencia del vertiginoso crecimiento y difusión de las tecnologías de la información y la comunicación. Las mismas han impactado de forma rápida en los distintos sectores de la economía y en la sociedad, han modificado hábitos de compra, modelo de educación, acceso a servicios sanitarios, han dado lugar a nuevas formas de comunicación,... Y todo ello, en un periodo de tiempo muy corto, en apenas tres lustros se han logrado todos los cambios, tanto económicos como sociales.

Tabla 3: Claves de la Antigua y la Nueva Economía.

TEMA	ANTIGUA ECONOMÍA	NUEVA ECONOMÍA
Características económicas generales:		
Mercados	Estable	Dinámico
Ámbito de competencia	Nacional	Mundial
Estructura organizativa	Jerárquica, burocrática	Interconectada
Movilidad geográfica potencial de las empresas	Baja	Alta

TEMA	ANTIGUA ECONOMÍA	NUEVA ECONOMÍA
Competencia entre regiones	Baja	Alta
Industria:		
Organización de la producción	Producción a gran escala	Producción flexible
Claves del crecimiento	Capital/Trabajo	Innovación/Conocimientos
Clave tecnológica	Mecanización	Digitalización
Fuete de ventaja competitiva	Reducción de costes mediante economías de escala	Innovación, calidad, adaptación al mercado y costes
Importancia de la investigación/innovación	Moderada	Elevada
Relaciones con otras empresas	Aislamiento	Alianzas y cooperación
Mano de obra:		
Objetivo político	Pleno empleo	Mayores salarios e ingresos reales
Cualificación	Cualificación concreta para un puesto	Cualificación amplia y formación cruzada
Educación requerida	Una capacidad o un título	Aprendizaje durante toda la vida
Relación entre trabajadores y dirección	De enfrentamiento	De colaboración
Naturaleza del empleo	Estable	Caracterizado por el riesgo y la oportunidad
Gobierno:		
Relaciones entre el mundo empresarial y el gobierno	Imposición de requisitos	Fomento de oportunidades de innovación y crecimiento
Regulaciones	Mando y control	Reglas de mercado, flexibilidad

FUENTE: N-economía. http://n-economia.com/fichas-n-economia/i-comprender-la-nueva-economia-y-sus-efectos-macroeconomicos/ Consultado el 18 de abril de 2016.

Es por ello, que podemos hablar de un nuevo modelo de economía, la Economía Digital. Si bien, establecer una definición concreta de economía digital no es sencillo, ya que la misma está ligada al sector de las tecnologías, dónde los cambios se producen de forma rápida y constante, por tanto, una definición estática de la misma podría quedarse obsoleta en un periodo de tiempo muy reducido. Ante las dificultades mencionadas, en la literatura de la economía digital nos encontramos múltiples definiciones de la misma, dónde en todos los caso la vinculan con las nuevas tecnologías de la información y la comunicación.

Uno de los primeros conceptos que podemos encontrar de economía digital se remonta al año 1998 en un informe elaborado por el Departamento de Comercio de Estados Unidos, *The Emerging Digital Economy*. En el mismo, la define como una nueva dimensión de la economía que se encuentra inmersa en "*en un espacio inteligente que se compone de información, instrumentos de acceso y procesamiento de la información y capacidades de comunicación*".

La Unión Europea –UE– (2014) no establece una definición concreta de lo que considera que es la economía digital, pero establece una serie de características de la misma:

- Movilidad: la economía digital ha dado lugar a los bienes digitalizables, y ésta digitalización ha supuesto que los mismos puedan circular a través de la red sin encontrar ningún obstáculo. Lo que ha permitido a las empresas reducir los costes de producción, al ser los factores de producción más móviles.
- Efectos de la Red: las empresas que operan a través de la red de Internet pueden reducir sus costes de producción, lo que se traduce en una disminución de los precios de los bienes y servicios que ofrecen a sus demandantes. Lo que no tiene que llevar asociado de forma directa una disminución del

margen de beneficio. Aumentando la competencia en cuanto a la calidad y utilidad de los bienes y servicios ofertados.

- Uso de datos: las tecnologías de la información y la comunicación abaratan el proceso de recogida y análisis de la información proporcionada por los consumidores finales. Esto se puede traducir en unos productos más adaptados a las necesidades de los compradores y con un coste de producción menor.

La Organización para la Cooperación y el Desarrollo Económico – OCDE– (2012) considera que la economía digital está compuesta por los mercados basados en el uso de las tecnologías digitales que facilitan el comercio de bienes y servicios a través del comercio electrónico. Si bien distingue entre economía digital y comercio electrónico, pues son dos conceptos diferentes.

Atendiendo a la doctrina, podemos encontrar otras definiciones de economía digital, todas ellas, al igual que las anteriores establecen un nexo entre la misma y las nuevas tecnologías. Zimmermam y Koerner (2000) consideran la economía digital como una economía basada en la digitalización de la información y en las infraestructuras de las tecnologías de la información y la comunicación. Liebowitz (2002) y Brynolfsson (2003) la definen como una economía basada en las tecnologías digitales, donde se pueden incluir las redes digitales de comunicación, ordenadores, software, así como todas las tecnologías de la información.

Si bien, no existe una definición única de economía digital sí que podemos afirmar que todas ellas la relacionan, de una forma u otra, con el uso de las nuevas tecnologías de la información y la comunicación, y por tanto, con la red de Internet, el comercio electrónico y los bienes digitalizables. Por tanto, podemos considerar que la economía digital tiene cuatro componentes clave:

Internet, comercio electrónico, contenido digital y nuevos procesos digitales.

Figura 1: Componentes de la Economía Digital.

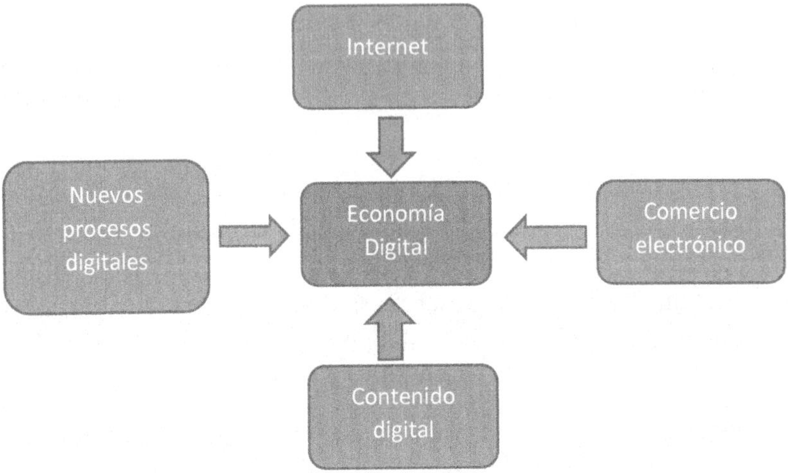

Fuente: Fundación EOI (2010): Sectores de la nueva economía 20+20. Disponible en: http://www.eoi.es/blogs/20digital/files/2010/08/NUEVA_-ECONOMIA_2020_EOI_Econom%C3%ADa_Digital.pdf Consultado: el 23 de abril de 2016.

En lo que sí existe acuerdo es en considerar a la misma como una de las piezas fundamentales para el desarrollo económico, circunstancia que se pone de manifiesto si atendemos a las estadísticas existentes en relación con los cuatro componentes que hemos considerado forman la economía digital. Si bien a lo largo del trabajo, nos centraremos de forma exclusiva en la fiscalidad del comercio electrónico. Los dos componentes que en mayor medida reflejan la importancia de la economía digital son las cifras de Internet –ya se trate de usuarios, número de conexiones,...– y el comercio electrónico, ambas muestran el crecimiento exponencial que ha experimentado la economía digital en los últimos años.

La disponibilidad de una conexión a Internet es fundamental para un adecuado desarrollo del comercio electrónico, y por ende, de la economía digital, sin ella no se pueden llevar a cabo transacciones comerciales electrónicas, ya sea a través de ordenadores, tabletas o móviles. Por tanto, podemos considerar que es una herramienta fundamental en el crecimiento económico presente y futuro.

Gráfico 1: Usuarios de Internet.

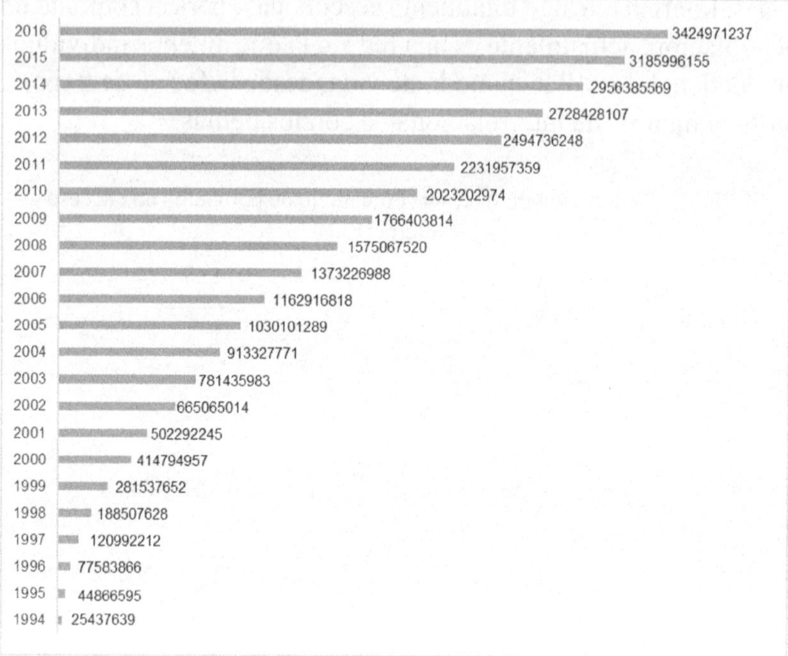

Fuente: ***Internet Live Stats*** (elaboration of data by *International Telecommunication Union (ITU)* and *United Nations Population Division)*

Nota: Datos estimados para 2015 y 2016

Actualmente el 40,7% de la población mundial es usuaria de Internet, y se espera que a finales de 2016 alcance casi los tres millones y medio de usuarios, es decir, el 46,1% de la población. En el año 1995 el número de usuarios mundiales no alcanzaba el 1%, cifra que refleja el importante crecimiento experimentado por Internet. Y se espera que la cifra siga incrementándose, si bien el número de usuarios que se conectan a Internet por primera vez cada año disminuye.

Como se puede apreciar el crecimiento del número de usuarios de Internet, y por tanto, de la penetración de la misma en la población, se ha producido de forma muy rápida. Hace tan sólo dos décadas, Internet era algo totalmente desconocido para el conjunto de la población, actualmente es una red sin la que muchos individuos no pueden desarrollar su modo de vida, desde la forma de trabajar hasta la manera de interrelacionarse con los demás.

Gráfico 2: Penetración de Internet (Porcentaje de población con acceso a Internet).

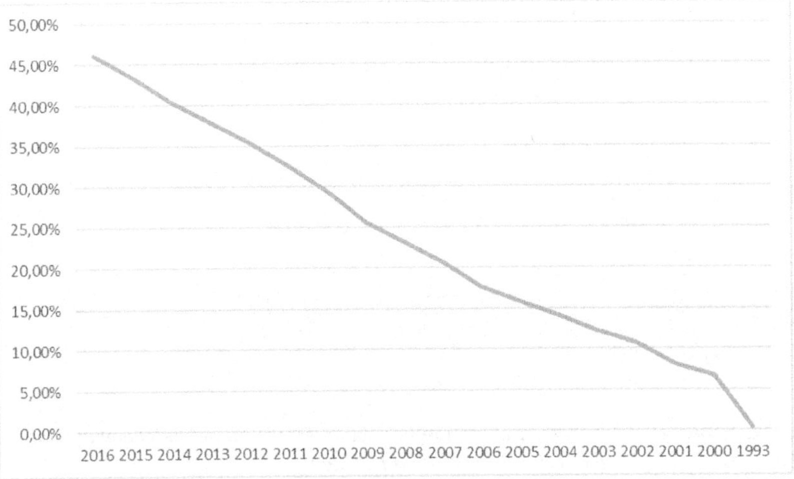

Fuente: ***Internet Live Stats*** (elaboration of data by *International Telecommunication Union (ITU)* and *United Nations Population Division)*

Nota: Datos estimados para 2015 y 2016

La disponibilidad de conexión a internet es fundamental para poder realizar intercambios comerciales a través de la misma, tanto por parte de las empresas como de los hogares, pues sin ella el comercio electrónico, uno de los componentes de la nueva economía, no encuentra razón de ser. La velocidad de conexión, también tiene un papel importante, principalmente cuando se trata de bienes o servicios intangibles, cuanto mayor sea la velocidad de la que se disponga más rápida será la transacción.

El comercio electrónico es otro de los componentes principales de la economía digital, el mismo consiste en una nueva manera de realizar intercambios comerciales, necesariamente a través de la red de Internet, si bien los mismos pueden ser intangibles –comercio electrónico directo– o pueden ser bienes físicos adquiridos a través de una web –comercio electrónico indirecto–. El crecimiento del mismo ha sido muy similar al experimentado por Internet, pues éste presenta múltiples ventajas tanto para el consumidor final como para el empresario –menores costes: económicos, desplazamiento, almacenamiento, tiempo,… y mayor número de oferentes y demandantes–.

Tabla 4: Ventas a través de comercio electrónico (por región, billones $).

	2011	2012	2013	2014	2015	2016
América del Norte	327,77$	373,03$	419,53$	469,49$	523,69$	580,24$
Asía-Pacífico	237,86$	315,91$	388,75$	501,68$	606,54$	707,60$
Europa occidental	218,27$	255,59$	291,47$	326,13$	358,31$	387,94$
Europa central y del este	30,89$	40,17$	48,56$	57,96$	64,35$	68,88$
América latina	28,33$	37,66$	45,98$	55,95$	63,03$	69,60$
Oriente Medio-África	14,41$	20,61$	27,00$	33,75$	39,56$	45,49$

Fuente: www.e-marketer.com

En lo que respecta al resto de componentes de la economía digital, los nuevos procesos digitales y los contenidos digitales, podemos esperar que el crecimiento a lo largo de los años haya sido similar, pues ambos son fundamentales en el comercio electrónico directo. Si determinados bienes, no pudieran ser digitalizados, éste no se podría llevar a cabo. Es por ello, que la industria de la digitalización y los contenidos digitales cada vez tienen un peso mayor en la economía, generando una parte importante de los puestos de trabajo actuales. Las industrias que tienen un mayor peso son la editorial –e-books, prensa on-line,…–, audiovisual, musical y videojuegos entre otros, desplazando en muchas ocasiones los bienes en formato físico por los nuevos bienes digitales.

En España, si observamos la facturación de la industria de contenidos se ve un retroceso en la misma, esta situación puede deberse a dos posibles causas. En primer lugar, a la crisis económica experimentada a nivel internacional, que ha dado lugar a que el consumo de los hogares disminuyera, y por tanto, los contenidos digitales se han visto afectados. Y en segundo lugar, a la piratería, la existencia de las descargas digitales es un lastre muy importante para el sector, pues ocasiona pérdidas muy cuantiosas para las empresas dedicadas a la comercialización de contenidos digitales.

Gráfico 3: Facturación de la industria de contenidos en España (millones de euros).

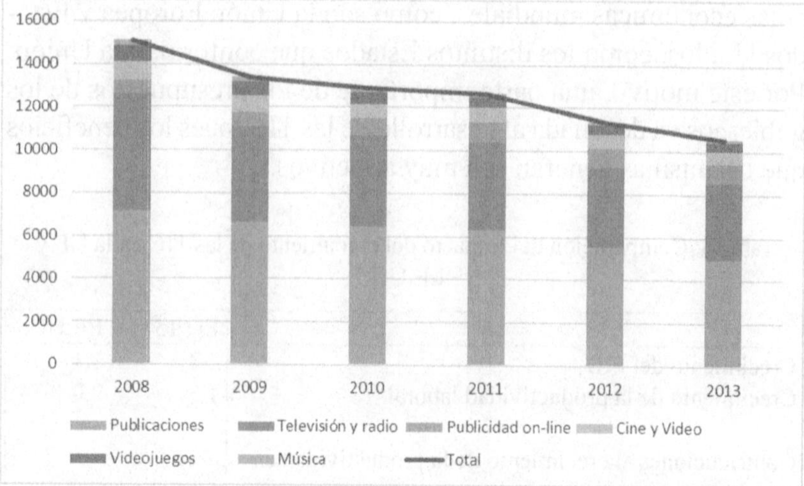

Fuente: Fundación Orange (2014): e-España 2014. Informe anual sobre el desarrollo de la sociedad de la información en España. Disponible en: http://www.proyectosfundacionorange.es/docs/eE2014/Informe_eE2014.pdf Consultado: el 24 de julio de 2014.

Atendiendo al crecimiento que se observa en los cuatro componentes que hemos considerado que forman la economía digital, principalmente el desarrollo de Internet y el comercio electrónico, podemos presumir que la importancia de la economía digital en la economía global es cada vez mayor. Actualmente, la industria de las tecnologías de la información y la comunicación, dónde podemos enmarcar las empresas dedicadas al comercio electrónico, digitalización de bienes,... se encuentran en pleno proceso de desarrollo y son generadores de una parte del empleo actual, y al igual que empresas con un carácter más tradicional, las mismas han de hacer frente a las obligaciones tributarias en función de las características de las mismas y el lugar de residencia.

La aportación de las industrias que se encuentran dentro de la economía digital al PIB es cada vez mayor, tanto en las dos grandes áreas económicas mundiales, como son la Unión Europea y Estados Unidos, como los distintos Estados que conforman la Unión. Por este motivo, una parte importante de los presupuestos de los gobiernos va destinada al desarrollo de las TIC, pues los beneficios que las mismas generan son muy atractivos.

Tabla 5: Comparación del Impacto del crecimiento de las TIC en la UE y EE.UU.

	EU 15	EE.UU.
Crecimiento del PIB	2,2	3,1
Crecimiento de la productividad laboral	1,3	2,0
Contribuciones al crecimiento de la productividad en el trabajo:		
- Inversión TI/hora	0,4	0,7
- Multi-factor de productividad de la producción de las TIC	0,3	0,5
- Multi-factor de productividad de uso de las TIC	0,1	0,1
% de TI que contribuyen al crecimiento de la productividad laboral	0,7	1,3
Total de TI como % del crecimiento de la productividad laboral	57%	64%
Total del TI como % del crecimiento del PIB	34%	41%

Fuente: Comisión Europea (2014): Report of the Comission Expert Group on Taxation of the Digital Economy. Disponible en: http://ec.europa.eu/taxation_customs/resources/documents/taxation/gen_info/good_governance_matters/digital/report_digital_economy.pdf Consultado: el 24 de abril de 2016.

Ante este contexto tecnológico, dónde las nuevas tecnologías de la información y la comunicación tienen un peso cada vez más importante en la economía, como pone de manifiesto la aportación de las mismas al PIB, los gobiernos han desarrollados programas y medidas para el desarrollo de las mismas por parte de los hogares y empresas, principalmente con el objetivo de favorecer el acceso a éstas, al considerarlas una fuente importante de crecimiento económico. En Europa, por ejemplo, se lleva a cabo la iniciativa Agenda Digital para Europa[4], que se enmarca dentro de la estrategia e-Europa 2020, una estrategia para un crecimiento inteligente, sostenible e integrador, ya que el desarrollo de la misma es una importante fuente de ingresos.

En definitiva, la nueva economía, y más concretamente, el comercio electrónico son considerados por parte de las organizaciones internacionales y de los Estados una pieza fundamental para el crecimiento económico de la sociedad la actual. Es por ello, que promueven su implantación y desarrollo entre las Administraciones, empresas y ciudadanos, si bien, lo hacen a través de ayudas y subvenciones. Pero además, el comercio electrónico supone un nuevo reto para la economía de los distintos países, ya que para los mismos implica un inmenso yacimiento de crecimiento. En primer lugar, porque el mercado mundial de equipamiento informático primario, es decir, de aquellos individuos que realizan una compra por primera vez no está saturado, y a su vez, porque los países emergentes suponen unas reservas de crecimiento aún muy importantes. En segundo lugar, porque, en los países con un mayor grado de desarrollo el acceso a las comunicaciones y los servicios ofertados a través de Internet se perciben como una necesidad primaria.

El comercio electrónico, por tanto, tiene un elevado potencial para alterar la actividad económica y el entorno social, puesto que afecta a sectores importantes de la economía como son: el sector de las telecomunicaciones, el sector de las finanzas y al comercio.

---

[4] La iniciativa Agenda digital para Europa tiene como objetivo favorecer la creación de un mercado digital único. El mismo debe estar caracterizado por un alto nivel de seguridad y un marco jurídico claro. Además, el conjunto de la población debe poder acceder a Internet a través de banda ancha.

La OCDE (1999) en su Informe, "*The economic and social impact of Electronic Commerce*", analiza la influencia del mismo a través de cinco grandes áreas:

- El comercio electrónico ha transformado el mercado: las tradicionales funciones de intermediación han sido reemplazadas, y han aparecido nuevos productos y servicios. De la misma manera, ha modificado la organización en el trabajo, aumentando de forma considerable la flexibilidad.
- El comercio electrónico tiene un efecto catalizador: acelera los cambios producidos en la economía.
- El comercio electrónico aumenta la interactividad de la economía: los vínculos de la misma se amplían hacía las pequeñas y medianas empresas, así como a los hogares. Por tanto, se propicia una mayor capacidad de hacer negocios en cualquier lugar y en cualquier momento.
- El comercio electrónico aumenta la transparencia: una mayor implicación de los consumidores se ha traducido en un aumento de la competencia.
- El comercio electrónico altera la importancia relativa del tiempo: reduce la importancia del tiempo al poder realizar transacciones comerciales en cualquier momento, independientemente de la franja horaria.

Las razones del impacto positivo del comercio electrónico en la economía las podemos encontrar en la influencia que tiene sobre los costes de las empresas, ya que su puesta en marcha es fácil de llevar a la práctica sin incurrir en unos elevados gastos de implantación. Además, permite la creación de un establecimiento virtual de forma sencilla, reduciendo los costes de mantenimiento de un establecimiento físico tradicional. La reducción de costes, independientemente del origen de la reducción, repercute en la posibilidad de ofertar unos bienes y servicios a un precio más reducido.

A la posibilidad de reducir costes a través de las transacciones comerciales electrónicas hay que sumar el uso de las nuevas herramientas comerciales que han surgido a raíz del nacimiento y difusión de las nuevas tecnologías de la información y la comunicación. Las mismas facilitan el trabajo de gran número de departamentos de las empresas, facilitando los trámites administrativos, la gestión de pedidos, el control de stocks,… así como han dado lugar a nuevas posibilidades de publicidad.

Un trabajo del Departamento británico de Comercio e Industria, realizado por HARRIS y CHER LI (2005) pone de manifiesto que las TIC explican la productividad, ya que las ganancias atribuibles a las nuevas tecnologías en los sectores de servicios son superiores a los de los sectores manufactureros y el uso de las TIC por empleados aumenta considerablemente la productividad. Por otro lado, MALIRANTA y ROUVINEN(2006) encuentran una fuerte evidencia del impacto de las TIC para mejorar la productividad en Finlandia. El trabajo realizado refleja que después de controlar para la industria los efectos del tiempo, la productividad adicional del trabajo TIC pasa del 8% al 18%. El efecto es mucho mayor en las empresas más jóvenes y en el sector TIC, en particular en la producción de servicios TIC.

En cualquier caso, la importancia del comercio electrónico, reflejada en su aportación a la economía, debe verse evidenciada en los ingresos públicos de las jurisdicciones, al igual que en los presupuestos públicos podemos encontrar distintas ayudas y subvenciones al desarrollo y expansión de las TIC, que afectan de manera directa a la expansión de las transacciones comerciales electrónicas. Sin embargo, las cuestiones fiscales que afectan a la economía digital no han sido abordadas de forma rotunda por ninguna de las Autoridades competentes en la materia. A pesar, de que las mismas son conscientes de los problemas de tributación que presentan las transacciones comerciales electrónicas, principalmente cuando intervienen bienes intangibles.

La correcta tributación de la economía digital, y más concretamente del comercio electrónico, es fundamental para el sostenimiento del Estado de bienestar. Una inadecuación de los actuales sistemas tributarios o de los conceptos tributarios vigentes, que fueron diseñados cuando el comercio electrónico era una realidad impensable, puede derivar en una no aplicación de los principios básicos de tributación, además de que podría dar lugar a pérdidas de recaudación no deseadas, ya que determinados sujetos pasivos podrían eludir o evadir la norma fiscal, como consecuencia de las características propias de la economía digital.

Uno de los objetivos principales, por tanto, de las autoridades tributarias correspondientes ha de ser el cumplimiento de los principios básicos de tributación, principalmente los principios de neutralidad y suficiencia. El primero de ellos, con el fin de no producir discriminaciones entre industrias nuevas y las ya existentes, así como entre el comercio tradicional y el comercio electrónico. Y en lo que se refiere al principio de suficiencia, éste es fundamental para el sostenimiento de los gastos públicos, especialmente atendiendo a la situación de crisis económica experimentada por las distintas jurisdicciones a nivel global.

Si bien, la adecuación de los actuales sistemas tributarios a la nueva realidad comercial debe hacerse de manera consensuada, así como no ha de olvidarse la rapidez con la que evolucionan las nuevas tecnologías de la información y la comunicación. De forma que la modificación de los sistemas tributarios ha de realizarse de forma que los mismos no se queden obsoletos en un periodo de tiempo relativamente corto, han de ser tenidos en cuenta, por lo tanto, los avances tecnológicos y la incidencia de los mismos en la economía y en la tributación de las operaciones comerciales. Además, sería conveniente que el mayor número de jurisdicciones posibles se pusieran de acuerdo para establecer unos nuevos conceptos tributarios que recogieran las peculiaridades de la economía digital, así como establecieran marcos tributarios similares para evitar situaciones no deseadas, como podría ser el fraude o la elusión fiscal.

1.2. EL COMERCIO ELECTRÓNICO: CONCEPTO Y CARACTERÍSTICAS

1.2.1. Concepto de comercio electrónico

El desarrollo de la Sociedad de la Información y la aparición de la denominada economía digital han tenido como consecuencia la aparición de una nueva forma de realizar transacciones comerciales: el comercio electrónico.

En el comercio, las innovaciones tecnológicas y sociales han supuesto siempre transformaciones, y todas ellas se han traducido en una evolución del mismo. Por ejemplo, las antiguas civilizaciones desarrollaron las innovaciones agrícolas, lo que permitió que la agricultura dejara de ser una actividad de supervivencia para pasar a ser una actividad comercial. La Revolución Industrial se caracterizó por un cambio en los instrumentos de trabajo de tipo artesanal por los desarrollados mediante distintos tipos de maquinaria, destacando la máquina a vapor. Además, la revolución dio lugar a una apertura a los mercados extranjeros, como consecuencia del abaratamiento de los productos, así como por la aparición de los nuevos sistemas de transporte –barco de vapor y ferrocarril–.

En el marco del comercio electrónico, las innovaciones tecnológicas que han marcado su desarrollo, son aquellas que han surgido a partir de la década de los sesenta, coincidiendo con todas aquellas innovaciones relacionadas con la informática, la robótica y las telecomunicaciones. Siguiendo a McLURE y CORABI (2000), se pueden distinguir cuatro fases históricas de las innovaciones en comunicación hasta llegar al comercio electrónico. La primera de ellas sería la era pre-impresión o pre-Gutenberg, la misma tuvo lugar antes de ser inventada la imprenta. Por tanto, la transmisión de la información se realizaba de persona a persona y el consumo de bienes se limitaba a aquellos que eran fácilmente transportables y no perecederos. En el caso de los servicios, estos eran prestados y consumidos, casi por entero, en el lugar y en el momento en el que eran producidos.

La era de la impresión, sería la que nos encontraríamos en segundo lugar, y es la que permite el almacenamiento tipográfico de la información y su transmisión en forma impresa. En el comercio ésta permitió la elaboración de catálogos a bajo coste, dando lugar al antecedente inmediato del comercio electrónico: la venta a distancia. En tercer lugar, nos encontramos con la era electrónica/analógica, donde la principal novedad es la aparición del primer bien inmaterial suministrado a los usuarios, la energía eléctrica, lo que posibilitó desarrollar nuevas formas de utilizar la información. El telégrafo, la radio, el teléfono y la televisión son los instrumentos característicos de ésta era, herramientas que mejoraron las comunicaciones entre individuos y ampliaron las oportunidades de consumo.

Y en último lugar, nos encontramos con la era digital, en la que aparece Internet, brindando la posibilidad de transmitir, a un coste reducido, con facilidad y rápidamente, informaciones, bienes que pueden ser almacenados electrónicamente y servicios que pueden ser prestados de manera telemática, desde cualquier parte del mundo a cualquier otro lugar, independientemente de la distancia entre uno y otro.

El origen del comercio electrónico tiene su comienzo en la era digital, más concretamente debe su inicio a la aparición de Internet y a la generalización de la misma en la década de los noventa. La facilidad de acceso a la red, al abaratarse los costes de la disposición de la misma en los hogares y empresas, facilitó el crecimiento exponencial del comercio electrónico. Si bien, al principio las transacciones comerciales electrónicas eran complejas, y muchas de ellas tenían lugar por encargo, limitando el número de usuarios que hacían uso del mismo. En la actualidad, son muchos los sujetos implicados ya que la expansión del comercio electrónico se ha realizado en un periodo de tiempo muy corto, pues en apenas una década ha pasado a ser una opción más de compra. Todo, gracias a la rápida expansión de la Sociedad de la Información, la nueva economía, y la economía digital.

Llegados a este punto, dónde somos conscientes de la importancia de las TIC en la sociedad actual, tanto a nivel social como económico, que incluso han dado lugar a una nueva forma de crecimiento económico, la economía digital, es necesario establecer una definición de comercio electrónico, pues este es el componente principal de la misma. El concepto de comercio electrónico abarca todas las actividades de comercialización propias de los mercados tradicionales –publicidad, búsqueda de información sobre productos, servicios y proveedores, pago electrónico, servicios post-venta,…–. Sin embargo, no existe una definición única del mismo, y no se trata éste de un asunto trivial, ya que en función de la definición que se utilice se hace referencia a una realidad económica o a otra distinta, lo que implica diferente incidencia en el ámbito tributario.

Si se profundiza en las distintas definiciones de comercio electrónico, podemos encontrar dos vertientes: la primera, a la que podemos denominar una concepción amplia de lo que sería el comercio electrónico, pues considera como tal las distintas actividades que conforman el mismo, y que ya son aplicadas por el comercio tradicional. En segundo lugar, están aquellas definiciones que únicamente consideran como comercio electrónico las transacciones comerciales que se realizan de forma íntegra a través de Internet, proporcionando una visión más restringida del concepto de comercio electrónico.

El conjunto de definiciones que encontramos para determinar qué es el comercio electrónico, ha de hacer especial incidencia en el entorno tecnológico del mismo, ya que éste se encuentra en constante evolución y puede dar lugar a modificaciones en la forma de realizar las transacciones económicas y comerciales, y por tanto, modificar el concepto de comercio electrónico. De ahí que CHOI, STHAL y WHINSTON (1997) consideran que cada cierto tiempo es necesario ampliar la definición de comercio electrónico para incluir todas las actividades que abarca, de forma que una definición adecuada del mismo debería acentuar los aspectos tecnológicos en un intento de proporcionar un concepto duradero. Si bien, también se han de tener en cuenta los aspectos económicos, pudiendo definir al comercio electrónico como un nuevo mercado que ofrece un nuevo producto, los bienes digitalizados.

Una primera aproximación al concepto de comercio electrónico, es la propuesta por NGUDUP (2002) donde lo define como el medio que permite transacciones de bienes y servicios por vía electrónica, con la ayuda de una amplia gama de protocolos de comunicación como el correo electrónico, intranet, extranet o el sistema EDI[5]. Una definición muy similar es la proporcionada por KALAKOTA y WHINSTON (1997) quienes consideran al comercio electrónico como *"la compra y venta de información, productos y servicios a través de redes informáticas"*. Por su parte, ABRAMS y DOERNBERG (1997) definen al comercio electrónico como la utilización de las redes informáticas con el fin de facilitar las

[5] EDI es el acrónimo de Electronic Data Interchange. El intercambio electrónico de datos es la transmisión estructurada de datos entre organizaciones por medios electrónicos. Se usa para transferir documentos electrónicos o datos de negocios de un sistema computacional a otro.

transacciones que comprenden la producción, la distribución, la venta y la entrega de bienes y servicios dentro del mercado. Se trata, también, de una definición amplía, al englobar las distintas actividades que conforman el comercio.

TIMMERS (1999), también tiene un visión amplía de comercio electrónico, considerando que este incluye la negociación de mercancías físicas y de bienes intangibles, abarcando todos los pasos de la negociación, tales como la comercialización, pedido, pago, ayuda en línea y entrega. Considera que el comercio electrónico incluye la disposición electrónica de servicios y la colaboración electrónica entre empresas.

Y desde el punto de vista de la organización de empresas se puede citar la definición ofrecida por WATSON, BERTMON, PITT y ZINKHAN (2000), quienes consideran al comercio electrónico como el uso de redes electrónicas con el fin de mejorar el funcionamiento de la organización, lo que deriva en un aumento de la cuota de mercado, mejor servicio al cliente y una entrega de productos más rápida. Califican al comercio electrónico de un simple catálogo, lo que implica desarrollar una página Web, que favorece la relación con clientes, proveedores, trabajadores, potenciales trabajadores e instituciones públicas.

Atendiendo a la doctrina nacional, podemos recurrir a OTERO HIDALGO (1998) quien considera que el comercio electrónico puede ser entendido de distintas formas según la perspectiva que se adopte:

- Desde la perspectiva de las comunicaciones, el comercio electrónico consiste en la distribución de la información, productos, servicios, transacciones financieras, a través de Redes de Telecomunicación Multimedia/Multiservicios, alineando sistemas de información de modo que se conformen nuevas estructuras empresariales de carácter virtual.

- Desde la perspectiva de los procesos de negocio, el comercio electrónico consiste en la utilización de tecnologías que faciliten el soporte y la automatización de los flujos de trabajo y procedimientos de negocio de la empresa, consiguiendo eficiencias en los costes, mejora en la calidad de los servicios y acortando el tiempo de los ciclos de los procesos.
- Desde una perspectiva temporal, el comercio electrónico es el instrumento que permite establecer nuevos canales y nuevos mercados para el intercambio de productos, servicios e informaciones en tiempo real.

Las tres perspectivas nos permiten obtener una visión del concepto de comercio electrónico muy amplia, ya que nos indican que el comercio electrónico consiste en la distribución de información, productos y servicios a través de la red, pero también consiste en la utilización de las nuevas tecnologías de la información y la comunicación para mejorar la eficiencia y los costes, así como mejorar la calidad en el trabajo. Y en último lugar, supone un nuevo canal de comunicación, así como la presencia en nuevos mercados, lo que implica un mayor número de consumidores potenciales. Reseñando que la rápida penetración en nuevos mercados se puede llevar a cabo por las mejoras en eficiencia, calidad de los servicios y por la reducción de los tiempos de distribución.

Una visión amplia de comercio electrónico es la que proporciona MORENO NAVARRETE (2002), señalando éste que el comercio electrónico:

> *"... es la acción de realizar de forma electrónica transacciones comerciales. Está basado en el tratamiento y transmisión electrónica de datos, incluidos texto, imágenes y video. El comercio electrónico comprende actividades muy diversas, como comercio electrónico de bienes y servicios, suministro en línea de contenidos digitales, Transferencia Electrónica de Fondos,*

> *compraventa electrónica de acciones, conocimientos de embarque electrónicos, subastas, diseños y proyectos conjuntos, prestación de servicios en línea (on line sourcing), contratación pública, comercialización directa al consumidor y servicios postventa. Por otra parte, abarca a la vez productos (v.gr., bienes de consumo, equipo médico especializado) y servicios (v.gr., servicios de información, financieros y jurídicos), actividades tradicionales (v.gr., asistencia sanitaria, educación) y nuevas actividades (v.gr., centros comerciales virtuales)".*

Por su parte, MARTÍNEZ NADAL (2000) considera comercio electrónico cualquier intercambio de datos por medios electrónicos, esté relacionado o no con una actividad comercial. Esta definición puede dar lugar a controversias, ya que si no es necesario que tenga fines comerciales se está calificando como comercio electrónico a cualquier envío de información no relacionada con las actividades comerciales.

Ante la importancia del fenómeno de la economía digital, y en especial del comercio electrónico, las distintas instituciones internacionales no han permanecido impasibles ante la nueva realidad económica y comercial, y han propuesto diferentes conceptos de comercio electrónico. Al igual que ocurre con la doctrina las definiciones propuestas son muy diversas, en algunos casos bastante ambiguas y poco heterogéneas entre sí, lo que dificulta establecer de forma consensuada las normas tributarias por las que habrán de regirse las transacciones comerciales electrónicas.

La OCDE, es una de las instituciones internacionales que más trabajos ha realizado sobre el comercio electrónico, al considerar que este tiene una gran importancia para el desarrollo de la economía, en 1997 lo definió de la siguiente manera:

> *"El comercio electrónico incluye todas las transacciones comerciales, tanto entre organizaciones como entre individuos, que*

se basan en la transmisión y proceso de datos digitales, incluyendo el texto, el sonido, y las imágenes".

La OCDE restringe el concepto de comercio electrónico, a las transacciones comerciales que se realizan a través de la red directamente, no incluyendo las operaciones que se cierran por medios telemáticos pero que necesitan de los medios de transporte tradicionales para ser entregados a los consumidores.

Por su parte la Organización Mundial del Comercio –OMC–, define, en 1998, el comercio electrónico como la producción, publicidad, venta y distribución de productos a través de las redes de telecomunicaciones. Es decir, propone un concepto más amplio de comercio electrónico que la OCDE, puesto que en la misma engloba todas las transacciones que se realizan a través de las redes de telecomunicaciones, se realicen de forma directa por la misma o no, así como actividades de producción y publicidad.

La organización internacional para el Arbitraje y Conciliación del Comercio Internacional –UNCITRAL– en su *"Ley Modelo sobre comercio electrónico*[6]", no establece una definición clara sobre el mismo, lo que determina es un amplio concepto de EDI, y fija determinadas circunstancias en las que el concepto de comercio electrónico podría incluir el uso de técnicas como el télex y el telefax. Esta definición es una de las más amplias y ambiguas que nos encontramos en el marco de las instituciones internacionales.

Según la Conferencia de las Naciones Unidas sobre Comercio y Desarrollo –UNCTAD–, las definiciones sobre comercio electrónico se basan en la experiencia pasada y no en los hechos futuros que pueden afectar al desarrollo del mismo. Razón por la cual nos encontramos con distintos enfoques a la hora de definir el comer-

---

6 UNCITRAL (1996): "Model Law on Electronic Commerce with Guide to Enactment", Naciones Unidas. http://www.uncitral.org/pdf/english/texts/electcom/05-89450_Ebook.pdf Consultado el 8 de septiembre de 2010.

cio electrónico, uno amplio, que considera al mismo como todas las actividades anteriores y posteriores a la venta, y uno estricto, donde se argumenta que el comercio electrónico no es una nueva forma de comercio, sino una serie de herramientas que lo hacen más eficiente. También replica que la mayoría de las definiciones utilizadas hasta ahora en los estudios sobre el comercio electrónico han sido puramente descriptivas y, han contribuido a un heterogéneo y contradictorio conjunto de descripciones. Es por ello, que la UNCTAD (2000) considera dos tipos principales de definiciones operativas de comercio electrónico. La primera, una definición horizontal, corresponde a los aspectos transaccionales del comercio electrónico, mientras que la segunda, definición vertical, se centra en los diversos requisitos necesarios para la ejecución de una estrategia de comercio electrónico.

Figura 2: Definición Horizontal UNTAD.

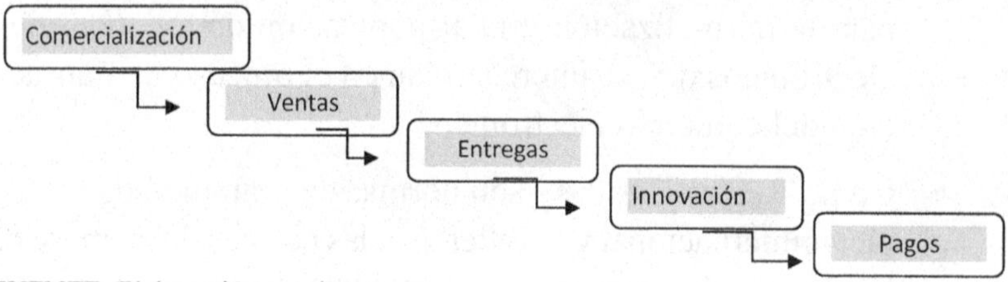

FUENTE: Elaboración propia.

Según la definición horizontal, si una empresa considera adecuado unirse a las ventas a través del comercio electrónico, tendrá que comprobar que cumple todos los requisitos que hacen que una transacción de comercio electrónico sea posible. Es decir, como con cualquier otra opción estratégica, los directivos de la empresa compararán su "cadena de abastecimiento normal" con su "cadena de suministro del comercio electrónico". De este modo, se comprobará la viabilidad y validez de su enfoque a través de la siguiente secuencia de funciones de la empresa: comercialización-ventas-entregas-innovación-pagos.

En lugar de centrarse en los escalones de una transacción de comercio electrónico, la definición vertical de comercio electrónico hace hincapié en la función operativa de las diferentes partes interesadas –gobiernos, instituciones legales y empresas–. Como tal, es mucho más cercana a las preocupaciones de las entidades gubernamentales que tendrán que tomar decisiones estratégicas para crear el ambiente adecuado para el desarrollo del comercio electrónico en sus respectivos países. Este segundo modelo puede ser descrito de la siguiente manera:

- Como una infraestructura - Las necesidades iniciales para el desarrollo del comercio electrónico son básicamente las mismas que para el desarrollo del uso de Internet.
- Como Mensaje - Es necesario desarrollar los instrumentos para la normalización y la armonización de los mensajes electrónicos que se intercambian en el proceso de transacción del comercio electrónico.
- Como Reglas Básicas - son normas en gran medida de carácter internacional y se refieren a: las normas del comercio, las normas de propiedad intelectual, así como regulaciones genéricas sobre el intercambio a través de fronteras.
- Como normativas sectoriales - Cada uno de los sectores de la actividad involucrada en el comercio electrónico tendrá que basar sus actividades en un conjunto coherente y predecible de las normas y los reglamentos.
- Aplicaciones - Una vez que todas las capas anteriores se han abordado, una estrategia de éxito de comercio electrónico tendrá que garantizar que las empresas que participan en realidad pueden beneficiarse del ambiente creado.

Figura 3: Definición Vertical UNCTAD.

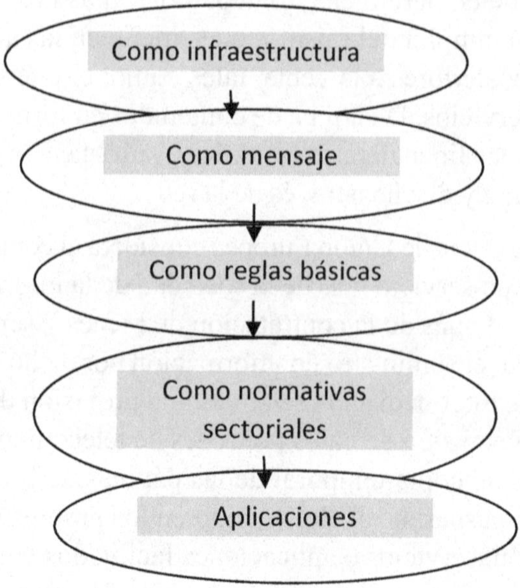

FUENTE: Elaboración propia.

Este modelo vertical ofrece dos ventajas principales. Por un lado, permite a los gobiernos elaborar su propia lista de términos para proporcionar el ambiente adecuado hacia el desarrollo de una política de comercio electrónico exitoso. Por otro lado, proporciona una hoja de ruta para la labor de los organismos internacionales que serán llamados a contribuir al conjunto de las necesarias directrices, reglas, normas y reglamentos que harán que el comercio electrónico mundial sea una posibilidad.

Las definiciones proporcionadas por la UNCTAD se centran en los aspectos comerciales y económicos del comercio electrónico, pues consideran al comercio electrónico como un punto importante a considerar para el crecimiento de los países en vías de desarrollo.

En la Unión Europea nos encontramos con varias definiciones del concepto de comercio electrónico, todas ellas nos proporcionan una visión amplia del mismo, pues incluyen las actividades anteriores y posteriores a la venta, tales como: el intercambio de productos y servicios, la entrega de contenidos en formato digital, las transacciones financieras electrónicas, subastas virtuales, asesoría, marketing y diseño a través de la red.

En consecuencia, la Unión Europea considera al comercio electrónico como un servicio más de la sociedad de la información, el cual engloba además de la contratación de bienes y servicios por vía electrónica, el suministro de información por dicho medio, las actividades de intermediación relativas a la provisión de acceso a la red, a la transmisión de datos por redes de telecomunicaciones, la realización de copia temporal de las páginas de Internet solicitadas por los usuarios, el alojamiento en los propios servidores de información, servicios o aplicaciones facilitados por otros o la provisión de instrumentos de búsqueda o de enlaces a otros sitios de Internet, así como cualquier otro servicio que se preste a petición individual de los usuarios –descarga de documentos, videos, música,...–, siempre que represente una actividad económica para el prestador. Estos servicios son ofrecidos por los operadores de telecomunicaciones, los proveedores de acceso a Internet, los portales, los motores de búsqueda o cualquier otro sujeto que disponga de un sitio Web a través del que realice alguna de las actividades indicadas, incluido el comercio electrónico. Esta definición se refiere a cualquier servicio prestado, normalmente, a título oneroso, a distancia, mediante un equipo electrónico para el tratamiento y almacenamiento de datos, y a petición individual de un receptor de un servicio.

Figura 4: El comercio electrónico en la Unión Europea.

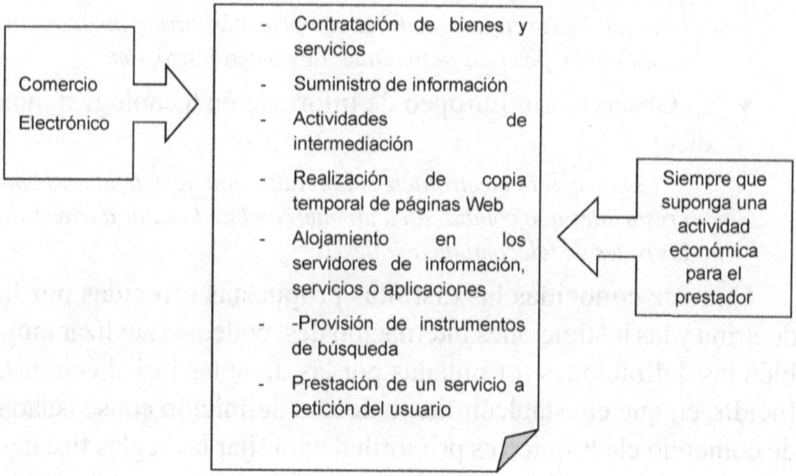

FUENTE: Elaboración propia.

Sin perjuicio de lo mencionado anteriormente y fruto de la multiplicidad de conceptos elaborados sobre el comercio electrónico, se pueden destacar tres definiciones dadas por algunas de las instituciones europeas:

- La Comisión Europea, en la Comunicación de la Comisión de las Comunidades Europeas al Consejo, al Parlamento Europeo, al Comité Económico y Social y al Comité de las regiones sobre Iniciativa Europea de comercio electrónico define:

  "El comercio electrónico consiste en realizar electrónicamente transacciones comerciales; es cualquier actividad en la que las empresas y consumidores interactúan y hacen negocio entre sí o con las administraciones por medios electrónicos".

- El Parlamento Europeo en su Informe de 4 de mayo de 1998, A4-0173/98, considera al comercio electrónico como:

"Todas las actividades relevantes realizadas por empresas, gobiernos o consumidores a través de redes electrónicas como Internet, incluyendo comercio, compras y ventas, contratación, publicidad y diversas actividades de comercialización".

- El Observatorio Europeo de Información tecnológica, nos dice:

  "El comercio electrónico es la realización de actividades empresariales que conduzcan a un intercambio de valor a través de las redes de telecomunicaciones".

Una vez conocidas las distintas propuestas ofrecidas por la doctrina y las instituciones internacionales, podemos analizar también las definiciones formuladas por las distintas jurisdicciones. Incidir, en que el establecimiento de una definición consensuada de comercio electrónico es primordial para fijar las reglas fiscales que van a ser de aplicación en las transacciones comerciales de la economía digital.

En primer lugar nos centraremos en el área de Norteamérica, donde en el año 1995 el Departamento del Tesoro de Estados Unidos considera que el comercio electrónico es la capacidad de realizar transacciones de intercambio de bienes o servicios entre dos o más partes haciendo uso de herramientas y técnicas electrónicas. Posteriormente, en al año 1997, el gobierno de los Estados Unidos, a través de la Oficina Ejecutiva del Presidente, utiliza la siguiente descripción para referirse al comercio electrónico:

"Los consumidores van a ser capaces de comprar en sus casas una amplia variedad de productos desde los fabricantes hasta los detallistas alrededor del mundo. Podrán ver los productos en sus ordenadores o televisores, tendrán acceso a la información acerca de los productos, visualizarán la forma en que estos les convienen (por ejemplo construyendo una habitación de madera en sus pantallas), y pagando por sus elecciones, todo desde sus salas de estar".

Ambas definiciones proponen una visión amplia de la noción de comercio, ya que no se limitan a la actividad de comprar y vender, puesto que abarcan las actividades anteriores y posteriores a la compra, tales como la recogida de información por parte de los consumidores. Incluso, la ofrecida por la Oficina Ejecutiva hace referencia al pago a través de la red.

Canadá, a través de su Instituto de Estadísticas[7], definió al comercio electrónico como las transacciones realizadas mediante ordenador que implican la transferencia de propiedad o el derecho de uso de bienes tangibles o intangibles.

En el marco de los países que conforman la Unión Europea vemos, que como regla general, todos ellos siguen las directrices marcadas por la Unión Europea, al tratarse de un mercado común, donde las reglas para las operaciones comerciales son iguales para todos. A pesar de la similitud de las definiciones de comercio electrónico, señalaremos algunas de ellas. Por ejemplo, el Centro de Informática de Noruega[8], donde el comercio electrónico es definido como: la realización de transacciones comerciales, el intercambio de información comercial, el mantenimiento de relaciones comerciales, la prospección de clientes y la gestión, todo ello con la asistencia de las herramientas de telecomunicaciones. Mientras, que el Ministerio de Economía y Tecnología de Alemania[9] proporciona una definición sencilla y concisa, al considerar al comercio electrónico como una subcategoría de los negocios electrónicos, que hace referencia únicamente a las transacciones comerciales.

---

7 STATISTICS CANADA (1999): A Reality Check to Defining eCommerce.

8 THE NORWEGIAN COMPUTING CENTER7NORSK REGNESENTRAL (2001): “An Introduction to Electronic Commerce”. http://www.ifi.uio.no/infnorad/Slides/eCommerce.pdf

Consultado el 25 de mayo de 2016.

9 http://www.bmwi.de/BMWi/Navigation/Ministerium/Minister-und-Staatssekretaere/zu-guttenberg.html Consultado el 25 de mayo de 2011.

Por su parte, el "Estudio de situación del comercio electrónico en España. Iniciativa de Promoción e identificación de Servicios Emergentes de Telecomunicaciones Avanzadas (PISTA)", de la Secretaría General de Comunicaciones define el comercio electrónico como "*cualquier forma de transacción o intercambio de información comercial basada en la transmisión de datos sobre redes de comunicación como Internet. En este sentido, el concepto de comercio electrónico no sólo incluye la compra y venta electrónica de bienes, información o servicios, sino también el uso de la Red para actividades anteriores o posteriores a la venta, como son: la publicidad, la búsqueda de información sobre productos, proveedores, etc, negociación entre comprador y vendedor sobre precio, condiciones de entrega, etc., la atención al cliente antes y después de la venta, la cumplimentación de trámites administrativos relacionados con la actividad comercial, la colaboración entre empresas con negocios comunes...*".

Si observamos las definiciones propuestas por Japón, éste considera que el comercio electrónico engloba un conjunto de actividades relacionadas con la venta, que hasta el momento se realizaban por otras vías, pero que en la actualidad y con las tecnologías disponibles se pueden realizar desde un ordenador. La visión que sobre el comercio electrónico tiene este país es amplia, al entender que lo conforman un conjunto de actividades y no únicamente la venta, como pone de manifiesto la definición proporcionada por el Consejo de Promoción del Comercio Electrónico de Japón:

> *"El comercio electrónico engloba una amplia gama de actividades –diseño de productos, producción, promoción, transacciones comerciales, pagos– que utilizan toda una variedad de redes de ordenadores".*

En cualquier caso, ninguna de las definiciones proporcionadas por la doctrina, las instituciones internacionales y las jurisdicciones concreta de forma clara el concepto de comercio electrónico. Sí parece claro que todas ellas transmiten la necesaria utilización de medios electrónicos como requisito primordial para ser considerado comercio electrónico. Por tanto, podríamos considerar como tal tanto la transmisión directa de los productos o servicios a través de la red, como la entrega en soporte físico de los mismos en la residencia de los consumidores[10].

La mayor parte de las definiciones señaladas ponen de manifiesto una concepción de comercio electrónico amplia, pero hay que tener en cuenta que una visión demasiado amplia del mismo puede dar lugar a determinadas desventajas, pues si consideramos como tal cualquier transacción que utiliza algún elemento electrónico, podemos llegar a calificar de comercio electrónico a las operaciones realizadas en cajeros automáticos, sistema electrónico de datos, pedidos en formato electrónico,... Por otro lado, el establecimiento de una definición muy estricta también puede dar lugar a consecuencias negativas. Si consideramos que todo el proceso de la transacción comercial debe realizarse de forma íntegra a través de Internet, dejaremos fuera del concepto de comercio electrónico muchas operaciones que se realizan mediante la red, pero que necesitan el uso de medios de transporte tradicionales para la entrega del bien adquirido.

Si bien, de las distintas nociones expuestas podemos deducir que el comercio electrónico no consiste únicamente en la venta de productos intangibles o digitalizables que se transfieren de forma exclusiva a través de la red, si no que abarca la compra-venta de todos los productos tradicionales, aunque para ello se va a tener que recurrir a los medios de transporte convencionales para su entrega a los clientes. Es decir, el comercio electrónico incluye

---

[10] No se puede considerar como comercio electrónico aquellas operaciones cerradas a través de teléfono o fax, ya que éstos no son elementos de la sociedad de la información.

todas las actividades, anteriores y posteriores, relacionadas con la comercialización de productos y servicios.

Ahora bien, la implantación de las distintas actividades empresariales que engloban el comercio electrónico se realiza de forma gradual, las empresas sólo llevan a cabo aquellas que mejor se adaptan a su negocio o aquellas para las que disponen de los recursos necesarios. De esta forma, la estrategia ante el comercio electrónico comienza con la creación de una página Web, en un primer momento se busca facilitar el acceso a los clientes para en una etapa posterior conseguir su consolidación. El siguiente paso es el poder cerrar transacciones comerciales a través de la misma, es decir, que la página de la empresa no se limite a ser un mero escaparate publicitario. Una vez se dispone de una página Web a través de la cual se pueden cerrar operaciones es importante que esta aporte valor a la empresa, y para ello se han de integrar perfectamente todos los agentes que intervienen en la operación en la red. Se tiene que tener en cuenta que la empresa no se relaciona únicamente con los consumidores finales, sino que es una entidad que tiene relación continúa con proveedores, socios y empleados. Con cada una de las anteriores personas, la empresa puede desarrollar una estrategia específica, según lo requieran los objetivos de la empresa[11].

[11] SANTAMARÍA DÍAZ, F. y ESCOBAR ESPPINAR, M. (2004): "Estrategias empresariales ante el comercio electrónico", *Información Comercial Española*, nº 813.

Figura 5: Implantación de actividades que engloban el comercio electrónico.

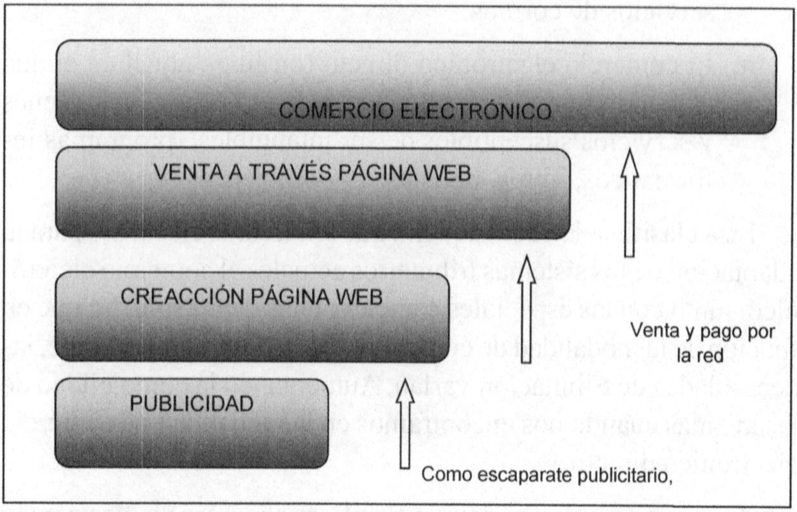

FUENTE: Elaboración propia a partir de: HORTALA I VALLVE, J, ROCCATAGLIATA, F. y VALENTE, P. (2000): *La fiscalidad del comercio electrónico*, Valencia, CISS Praxis profesional, pág. 24.

Al entender que el comercio electrónico abarca todas las actividades anteriores y posteriores a la venta, podemos clasificar al mismo en función del tipo de bienes y servicios que son objeto de intercambio en las distintas transacciones comerciales, así como en función de los sujetos que intervienen en la transacción. Atendiendo, al objeto de intercambio que tiene lugar en la transacción comercial electrónica podemos distinguir dos tipos de comercio electrónico:

- El comercio electrónico indirecto (off-line), aquel en el que el pedido se realiza de manera electrónica y la entrega debe realizarse físicamente, por los medios de transporte tradicionales, por lo que depende de factores externos tales como la eficacia de los sistemas de transporte y de los servicios de correos.

- El comercio electrónico directo (on-line), aquel en el que el pedido se realiza en línea, el pago y la entrega de bienes y servicios susceptibles de ser intangibles –programas informáticos, libros, revistas,…– también.

Esta clasificación será aquella que tendremos en cuenta para la adaptación de los sistemas tributarios actuales al comercio electrónico, junto con las especiales características del mismo. Ya que en función de la modalidad de comercio electrónico de que se trate, las necesidades de tributación varían. Aumentando la complejidad de las mismas cuando nos encontramos en la modalidad de comercio electrónico directo.

A su vez, también podemos clasificar al comercio electrónico en función de las distintas partes que intervienen en el mismo. Los sujetos que intervienen en el comercio electrónico, al igual que en el tradicional, pueden ser las Administraciones Públicas, las empresas y los consumidores. En función de las relaciones que se establezcan entre los mismos podemos encontrar distintos tipos de comercio electrónico, como se puede apreciar en la Tabla 6.

- *Business to Business* ó B2B, las empresas pueden intervenir como compradoras y vendedoras, o como proveedoras de herramientas o servicios de soporte para el comercio electrónico.
- *Business to Consumers* ó B2C, en este caso las empresas ofertan sus productos y servicios a los consumidores finales.
- *Business to Administrations* ó B2A, donde podemos encontrar empresas y Administraciones Públicas, actuando estas últimas como agentes reguladores y promotores del comercio electrónico, así como usuarias del mismo.

- *Consumers to Business* ó C2B, en este caso son los consumidores finales los que acuden a la empresa de forma directa para recopilar información y adquirir el bien o servicio en caso de que les resulte satisfactorio.

- *Consumer to Consumer* ó C2C, en este caso se trata de comercio entre particulares, llevado a cabo a través de la red de Internet.

- *Consumer to Administrations* ó C2A, los consumidores van a poder realizar las gestiones administrativas requeridas por las Instituciones Públicas a través de la red de redes, sin necesidad de desplazamientos. Los consumidores pueden participar en el comercio electrónico con las Administraciones Públicas, en lo referente a los pagos sociales, pago de impuestos, solicitud de información,…

- *Administrations to Business* ó A2B, en este caso la Administración Pública va a establecer relaciones con las empresas mediante el uso de Internet, facilitando las tareas administrativas.

- *Administrations to Administrations* ó A2A, las distintas Administraciones Públicas establecen relaciones entre sí para el intercambio de informaciones, solicitud de documentos,…

- *Administrations to Consumer* ó A2C, al igual que en los dos casos anteriores, pero en este caso estableciendo relaciones con los contribuyentes.

Tabla 6: Modalidades de comercio electrónico.

RELACIONES DE INTER-CAMBIO	EMPRESA	CONSUMIDOR	ADMINISTRA-CIÓN
EMPRESA	B2B *BUSINESS TO BUSINESS* (Empresa a em-presa)	B2C *BUSINESS TO CONSUMER* (Empresa a con-sumidor)	B2A *BUSINESS TO ADMINISTRA-TIONS* (Empresa a admi-nistración)
CONSUMIDOR	C2B *CONSUMER TO BUSINESS* (Consumidor a empresa)	C2C *CONSUMER TO CONSUMER* (Consumidor a consumidor)	C2A *CONSUMER TO ADMINIS-TRATIONS* (Consumidor a administración)
ADMINISTRA-CIÓN	A2B *ADMINISTRA-TIONS TO BUSINESS* (Administración a empresa)	A2C *ADMINISTRA-TIONS TO CONSUMER* (Administración a consumidor)	A2A *ADMINISTRA-TIONS TO ADMINIS-TRATIONS* (Administración a administración)

FUENTE: Elaboración propia.

En el marco de la fiscalidad de la economía digital, y más concretamente del comercio electrónico, nos interesan aquellas transacciones de carácter electrónico, que crean valor, independientemente que el objeto de la misma sea un intangible. Ya que el comercio electrónico, al igual que el comercio tradicional debe estar sometido a tributación, aunque para ello sea necesario que sean tenidas en cuenta las peculiaridades del mismo.

Aunque son las transacciones comerciales realizadas mediante comercio electrónico directo las que presentan mayores dificultades para adaptarse al marco legal vigente en materia de tributación.

Ya que el control de los bienes y servicios intangibles queda fuera de las autoridades tributarias competentes, siendo muy difícil determinar las operaciones comerciales que tienen lugar así como el valor de las mismas. Es por ello, que se entiende como prioritario el estudio y análisis de la tributación del comercio electrónico, para adaptar los actuales sistemas tributarios a la nueva realidad comercial con unas altas expectativas de crecimiento.

1.2.2. Características del comercio electrónico

El comercio electrónico cada año adquiere una mayor importancia a nivel global, todo ello, gracias a las especiales características del mismo. Éstas permiten a todos los usuarios del comercio electrónico, ya sean consumidores, empresas o administraciones, tener un acceso rápido –instantáneo– y cómodo a un gran catálogo de bienes y servicios desde sus hogares, teniendo en algunas ocasiones unas reducciones de precio que suponen un gran atractivo para los mismos. Las características propias del comercio electrónico, que lo diferencian de forma clara del comercio tradicional, son aquellas que ponen de manifiesto la necesidad de adaptar o modificar los actuales sistemas tributarios a la nueva realidad comercial, ya que los mismos fueron puesto en funcionamiento mucho antes de que Internet fuera una realidad.

La adaptación de los actuales sistemas tributarios se ha de realizar teniendo en cuenta las características propias del comercio electrónico, no pudiendo obviarse la rapidez con la que evolucionan las nuevas tecnologías de la información y la comunicación, pues las modificaciones que se establezcan han de ser estables en el tiempo, a la vez que han de cumplir los principios básicos de tributación. Es por ello, que vamos a proceder a realizar un análisis de las principales particularidades que caracterizan al comercio electrónico, para posteriormente, poder establecer con un criterio más claro, las opciones de tributación más adecuadas para el mismo.

Si consideramos una visión amplia del comercio electrónico, y lo entendemos como todas las actividades comerciales, anteriores y posteriores a la venta, realizadas a través de redes electrónicas, que conduzcan a un intercambio de valor, podríamos señalar una serie de características del mismo que deberían ser tenidas en cuenta para hacerlo tributar de la forma más adecuada posible. Ya que para ello, es trascendental, tanto determinar qué es el comercio electrónico como las peculiaridades del mismo, si no tenemos claro ambas cuestiones podríamos establecer una fiscalidad no adecuada al mismo, y con consecuencias negativas para la sociedad en su conjunto.

La peculiaridad más importante del comercio electrónico estriba en la posibilidad de adquirir determinados bienes en formato inmaterial –digitalizados–. No sólo los bienes pueden ser desmaterializados, lo mismo puede ocurrir con determinados servicios, que pueden pasar a prestarse íntegramente a través de Internet. Este puede ser el caso de los servicios de asesoría, consultoría, jurídicos, aseguradores, agencias de viaje,… Y esta característica es la que ocasiona que los sistemas fiscales diseñados y establecidos hasta el momento tengan que ser modificados para poder hacer tributar aquellas operaciones comerciales en las que el objeto de intercambio es un intangible.

A pesar de los bienes y servicios intangibles, el comercio electrónico comparte características con el comercio tradicional, ya que en ambos casos, se trata de un proceso interactivo, es decir, se da una comunicación recíproca entre el comprador y el vendedor. Si bien es cierto que el comercio electrónico puede acentuar esta característica, ya que las nuevas tecnologías permiten un acceso más rápido y cómodo a la información, incluso cuando la transacción comercial se está realizando directamente con una máquina. Esta situación se produce porque las nuevas tecnologías permiten que los clientes puedan conocer de manera inmediata si hay existencias del producto que se solicita, el tiempo exacto de entrega,... Y al igual que el comercio tradicional el comercio electrónico es oneroso, a pesar de que los servicios de la sociedad de la información pueden ser gratuitos para el destinatario, el comercio electrónico no omite la realidad del comercio.

En cuanto a las restantes características o particularidades del comercio electrónico lo que hacen, como criterio general, es acentuar determinadas cuestiones que ya acontecen en el comercio tradicional. Es lo que sucede con los intermediarios, en ambos tipos de comercio son necesarios en mayor o menor medida, pero el comercio electrónico hace posible que los diferentes bienes y servicios lleguen desde el productor hasta el consumidor final sin necesidad de recurrir a ningún intermediario, o reduciendo de forma drástica el número. El modelo de comercio tradicional se construye básicamente en relaciones bilaterales, donde el productor sólo mantiene contactos con sus proveedores, y éstos sólo con la empresa minorista, la que se encarga de hacer llegar los productos al consumidor final. Sin embargo, en el comercio electrónico se produce una desintermediación, de forma, que cualquier consumidor puede ponerse en contacto con cualquier empresa productora o proveedora de bienes y servicios, y cerrar la transacción sin necesidad de recurrir a ningún intermediario. A través del comercio electrónico, en el que el objeto de intercambio es un bien o servicio digitalizable, productor y comprador se pueden poner en contacto de forma directa, únicamente necesitan, para concluir la operación comercial, hacer uso de un sistema de pago, también necesario en el comercio tradicional.

Figura 6: Intermediarios necesarios en la comercialización de intangibles.

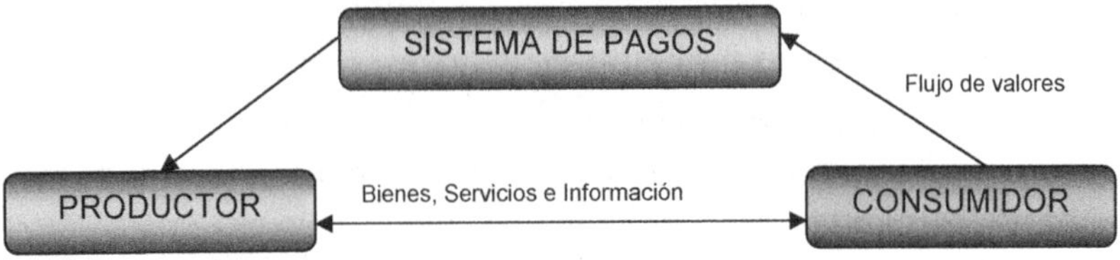

FUENTE: GARIBOLDI, G. (1999): *Comercio Electrónico: Conceptos y reflexiones básicas*, Intat Divulgación.

La desintermediación va a permitir que determinados bienes y servicios puedan adquirirse a precios más reducidos a través del comercio electrónico, debido al reajuste de costes que experimentan las empresas, unido a que los costes también disminuyen por no ser necesarios establecimientos físicos, menor número de empleados,… Lo que también supone que las empresas obtienen unos mayores márgenes de beneficios sin incrementar el precio final de los productos. Razón, por la que, los consumidores se van a interesar en la adquisición de determinados bienes y servicios a través de Internet.

Los bienes y servicios digitalizables constituyen el caso más extremo de comercio electrónico, ya que pueden atravesar fronteras y jurisdicciones sin que sus movimientos puedan ser percibidos y directamente del productor al consumidor. En el caso de los bienes no digitalizables el comercio electrónico permite eliminar determinados intermediarios, pero no suponen una eliminación total de los mismos, sino que prescinde de aquellos que no agregan valor. Los intermediarios encargados de la logística son necesarios.

El proceso de desintermediación hace que se creen tensiones entre los intermediarios tradicionales y los productores, puesto que la nueva realidad del comercio permite que cualquier persona, pueda contactar con cualquier empresa productora desde un ordenador, sin más requisito que estar conectado a la red.

Figura 7: Intermediarios necesarios en la comercialización de bienes y servicios no digitalizables.

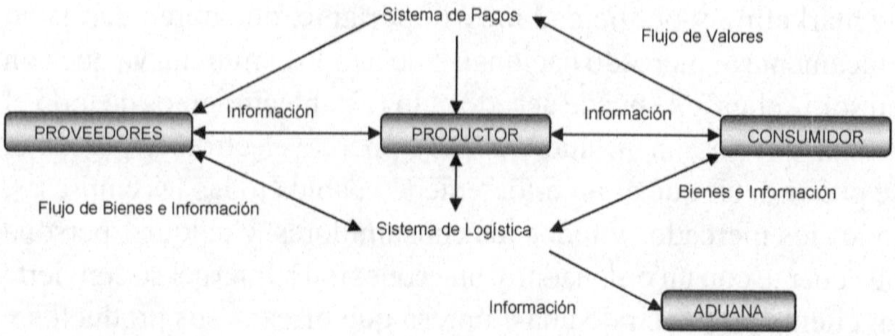

FUENTE: GARIBOLDI, G. (1999): *Comercio Electrónico: Conceptos y reflexiones básicas*, Intat Divulgación.

El proceso de búsqueda de información, en relación con los bienes y servicios que se desean adquirir, también se ve acentuado en las compras electrónicas ya que se puede obtener una mayor cantidad de información, a tiempo real y ser actualizada constantemente. De igual manera, se accede a un mayor número de productos y servicios y a toda la información respecto a los mismos –precios, características, dónde adquirirlos, funcionamiento, mantenimiento,...–. Al disponer los distintos agentes económicos de una mayor información el comercio electrónico aumenta la competitividad de los mercados, lo que hace que se aproximen más a la situación de competencia perfecta. Los precios se igualan debido a la competencia basada sobre la capacidad del consumidor para encontrar y comparar los precios de los distintos productos en Internet.

Aunque, con la creación de una tienda que opere a través de Internet también se incrementan las ventas de las tiendas tradicionales –publicidad a través de Internet–, porque los clientes que desconfíen de esta nueva forma de mercado y no estén dispuestos a realizar el pago por la red, pueden acceder al catálogo virtual, recopilar toda la información que consideren necesaria para realizar su compra, y finalmente acudir al establecimiento tradicional y realizar allí la compra. Con lo cual, Internet es una herramienta de marketing y publicidad muy importante, que abre puertas no únicamente al mercado nacional, sino a todo el mundo, ya que con un solo "click", se puede acceder a los establecimientos de todo el mundo que posean un sitio Web. El comercio electrónico por tanto, se puede decir que es abierto, teniendo cabida todas las empresas, todos los mercados y todos los consumidores. Cualquier persona que cuente con un ordenador y una conexión a Internet se convierte en cliente potencial de una empresa que ofrezca sus productos y servicios a través de la red.

Además, las empresas pueden ofrecer un servicio más personalizado a los clientes, porque el comercio electrónico es una herramienta capaz de adaptar, a un coste razonable, la oferta de productos a la demanda individual de cada potencial cliente.

Las adquisiciones electrónicas presentan otra ventaja adicional, la comodidad, ya que los usuarios pueden acceder de forma sencilla y rápida a Internet, desde su casa, el lugar de trabajo o puestos públicos, donde pueden acceder a una gama de productos y servicios muy amplia, de los cuales van a obtener toda la información que consideren necesaria.

Una característica propia del comercio electrónico es su carácter omnicomprensivo, ya que afecta a todas las facetas de la vida humana –ha cambiado hábitos de compra, maneras de organizar vacaciones, forma de trabajar,...– y a diversas ramas del ordenamiento jurídico: civil, mercantil, administrativo,...

En ningún caso debemos confundir las operaciones comerciales electrónicas con la venta a distancia. La diferencia principal entre ambas modalidades de comercio radica en la manera en la que se solicita el bien o servicio. En la venta a distancia deja de ser necesario acudir a un establecimiento para adquirir un determinado producto, sólo se necesita un catálogo donde se puede apreciar una imagen del producto así como las características del mismo, para posteriormente solicitarlo por correo o por teléfono. El comercio electrónico avanza un paso más, ya que se trata de un catálogo virtual actualizado a tiempo real, donde se puede ver el producto en tres dimensiones y si se trata de un bien desmaterializable se puede adquirir de forma inmediata, a través de la red. Incluso el pago se realiza a través de la misma forma instantánea.

Adicionalmente, el comercio electrónico puede presentar algunas limitaciones, una de ellas es la velocidad de la línea –limitación tecnológica–, si se trata de una línea muy lenta, a los usuarios de la red no les va a resultar cómodo realizar sus compras a través de la misma, y en ningún caso realizar compras on-line, ya que para la compra de un determinado DVD van a tener que encender su ordenador más de 24 horas seguidas, por el contrario, si disponen de una banda ancha, este problema se soluciona al tener una mayor velocidad de descarga, cada día esta velocidad es mayor. Los medios de pago también pueden suponer un obstáculo al comercio electrónico –problemas de confianza y seguridad–, debido principalmente a los problemas de seguridad y los temores que a los usuarios se les pueden plantear.

Las características del comercio electrónico son las que hacen necesario que las normas tributarias actuales tengan que ser adaptadas a las nuevas formas de realizar transacciones. Una parte importante de la normativa tributaria a nivel mundial fue desarrollada e implementada con anterioridad al nacimiento y expansión de las nuevas tecnologías de la información y la comunicación, por tanto las actuales reglas tributarias no tienen en cuenta a las mismas. Esta circunstancia permite que determinadas operaciones comerciales, principalmente, aquellas en el que el objeto de intercambio es un intangible, queden fuera de la legislación en materia fiscal. Además, el comercio electrónico ha globalizado las transacciones comerciales de forma que es necesario que la adaptación de los actuales sistemas tributarios sea realizada de forma consensuada por el mayor número de jurisdicciones posibles. Antes de una reforma de la norma tributaria que afecta al comercio electrónico es necesario determinar qué se entiende por comercio electrónico, así como las peculiaridades del mismo, para que la norma que se establezca no se quede obsoleta en un breve periodo de tiempo.

2. TRIBUTACIÓN DEL COMERCIO ELECTRÓNICO

2.1. LAS DISTINTAS OPCIONES DE TRIBUTACIÓN

La economía digital, y más concretamente la expansión del comercio electrónico, han dado lugar a una nueva manera de llevar a cabo transacciones comerciales, dónde las nuevas tecnologías de la información y la comunicación son la base de las mismas. Las empresas y consumidores interactúan en un nuevo mercado caracterizado por una mayor diversidad de bienes y servicios, así como una competencia más voraz. Sin olvidar, que la nueva modalidad comercial está a disposición tanto de las empresas tradicionales como de los nuevos modelos de negocio.

Ambas modalidades de negocio, tradicional y electrónico, son fuente de creación de empleo y riqueza, argumento esgrimido por los Estados para incentivar el desarrollo del comercio entre los hogares y empresas. En el marco del comercio electrónico, es necesario analizar si los actuales marcos jurídicos son aptos para las transacciones comerciales electrónicas. Ya sea no obstaculizando la expansión del mismo o facilitando las vías de evasión y fraude fiscal, que pongan en riesgo el crecimiento del mismo así como pongan en peligro la recaudación fiscal y por ende el actual Estado de bienestar.

Los actuales sistemas tributarios son desarrollados con posterioridad a la Segunda Guerra Mundial, cuando las empresas focalizaban su actividad en la industria y la riqueza circulaba de país en país en forma de bienes físicos. Sin embargo, en la actualidad, las empresas, independientemente del tamaño de las mismas, tienen una alta movilidad, dejando de lado límites y fronteras. Además, el desarrollo de Internet ha dado lugar a la aparición de los bienes y servicios intangibles, aumentando el volumen de las transacciones comerciales por esta vía. Ante el nuevo contexto del comercio las diferentes jurisdicciones han de analizar tanto los posibles beneficios como perjuicios que genera esta nueva modalidad de comercio, la cual presenta un crecimiento no despreciable.

Al mismo tiempo, el comercio electrónico, al igual que el comercio tradicional, es una actividad lucrativa, pero la utilización de las nuevas tecnologías de la información y la comunicación, principalmente las transacciones comerciales con intangibles, obliga a que haya que analizar, y replantearse, el funcionamiento de los actuales sistemas tributarios. Uno de los principales motivos por los que la fiscalidad del comercio electrónico ha de ser objeto de estudio se encuentra en que los tributos clásicos están basado en hechos imponibles conocidos y se enfrentan a bienes y servicios tangibles. Por el contrario, el comercio electrónico refleja un ciberespacio que no tiene una realidad física, que se deslocaliza rápidamente y dónde lo importante ya no son los bienes y servicios físicos, si no aquellos que se pueden prestar de forma íntegra a través de la red de Internet.

Por ello, será el comercio electrónico directo aquel que presente un mayor número de dificultades para ajustarse a las características de los actuales sistemas tributarios vigentes en las distintas jurisdicciones. Los bienes y servicios digitalizables poseen la cualidad de poder ser producidos, distribuidos, consumidos o utilizados en cualquier lugar del mundo sin que su venta ni consumo puedan ser controlados por ninguna autoridad gubernamental, ya que todo el proceso se realiza de forma íntegra a través de la red. Lo único que pueden observar son flujos de información digitalizada, pero sin detectar el carácter comercial de la misma, y por tanto, sin poder determinar el valor económico de la operación.

A la problemática ya mencionada, tenemos que sumar la facilidad para realizar transacciones comerciales de carácter internacional en el marco del comercio electrónico, especialmente en la modalidad directa. La problemática fiscal se incrementa, ya que a la necesidad de identificar la transacción comercial hay que añadir el brete de determinar qué Estado es el que ostenta la potestad tributaria sobre la mencionada transacción comercial. Además, directamente relacionado con los problemas anteriores, nos encontramos con la difícil identificación tanto del comprador como del vendedor, que asimismo, pueden estar situados en jurisdicciones distintas. Este último problema, afecta a ambas modalidades de comercio electrónico, si bien el problema puede verse agravado cuando se trata de bienes y servicios intangibles.

Las distintas circunstancias mencionadas favorecen la evasión o elusión fiscal, ya que la falta de inadecuación de los actuales sistemas tributarios a las especiales características del comercio electrónico, así como la disparidad de normas tributarias existentes entre las distintas jurisdicciones –no adecuadas a las transacciones comerciales electrónicas– permiten que aquellos contribuyentes que quieren maximizar su beneficio opten por llevar a cabo una planificación fiscal agresiva. Esta actuación lleva asociada, como ya se ha reiterado en otras ocasiones, una pérdida de ingresos fiscales no deseada por las Autoridades tributarias de ninguno de los Estados.

Ante esta situación y entendiendo el comercio electrónico como una actividad comercial más, que genera riqueza, los Estados y organismos internacionales no han permanecido impasibles ante la realidad fiscal de las operaciones comerciales electrónicas y han analizado distintas opciones de tributación. Siguiendo a GARIBOLDI (1999) podemos identificar cuatro alternativas para someter a gravamen al comercio electrónico:

- Declarar al comercio electrónico de bienes y servicios digitalizables libre de imposición.
- Responsabilizar al productor de la declaración de las transacciones.
- Responsabilizar a las instituciones que intermedien en el pago (instituciones bancarias, financieras, tarjetas de crédito,...) de la recaudación y pago de los impuestos.
- Aplicar impuestos a la cantidad de información transmitida.

La opción de declarar al comercio electrónico libre de impuestos, da lugar a que cualquier bien y servicio adquirido a través de Internet no quedará sujeto a tributación, no repercutiendo ningún ingreso para el Estado. En el caso de optar por responsabilizar al productor, las empresas estarían obligadas no sólo a estar informadas sobre las tasas aduaneras o tributos vigentes en su estado de residencia, sino también a conocer en profundidad la legislación tributaria de cada uno de los Estados con los que realizan operaciones comerciales. Además, las mismas, tendrán que reportar las actividades sujetas a cargas impositivas, transfiriendo los fondos recolectados por el cobro de los impuestos que recaigan sobre las operaciones comerciales correspondientes. La opción de responsabilizar a las instituciones que intermedian en el pago sería difícil de implementar en la práctica, al implicar un cambio radical en materia impositiva. Ya que normalmente, son las mismas empresas y personas las responsables de reportar sus actividades, pudiendo excepcionalmente la autoridad gubernamental solicitar información a las instituciones de pago si se presume que existe alguna falta. Por último, la alternativa de aplicar impuestos a la cantidad de información transmitida parece no diferenciar la calidad o el valor de la información, y sería similar a cobrar derechos aduaneros sobre el peso o el volumen de los bienes que cruzan las fronteras.

Si bien, las cuatro opciones propuestas las podemos instaurar en dos únicamente, y claramente opuestas. Por un lado, la opción de no someter a tributación a las operaciones comerciales electrónicas, argumentando que los beneficios que generaría al conjunto de la economía superarían a los impuestos recaudados por la misma. Y por otro lado, considerar que el comercio electrónico ha de estar sometido a gravamen, pues el mismo se trata de una actividad comercial más y no ha de tener ningún tipo de discriminación, ni positiva ni negativa, por lo que ha de ser sometido a tributación al igual que el comercio tradicional Si bien, al hacer tributar a las operaciones comerciales electrónicas, nos encontramos con distintas alternativas, y cada una de ellas ha de ser analizada con el fin de estudiar las ventajas e inconvenientes que las mismas presentan.

2.1.1. Libre de impuestos

La opción de declarar al comercio electrónico libre de impuestos implica que cualquier bien o servicio que pudiera ser enteramente comercializable a través de Internet no debería pagar tributo alguno. Uno de los argumentos esgrimidos para que el comercio electrónico no se encuentre sometido a imposición es que el precio de los artículos se elevaría y esto no lo haría atractivo para los consumidores.

Una justificación al argumento anterior la encontramos en GOOLSBEE (2000), quien analiza el impacto de un impuesto sobre las ventas en el comercio electrónico, y establece una relación entre el miedo de los usuarios a realizar pagos a través de la red, por lo que si el precio no es atractivo, por la aplicación del impuesto, la venta no se realizará. En consecuencia, esto supondría un freno para el desarrollo del comercio electrónico.

Esta situación es la defendida por Estados Unidos en el ámbito de la imposición directa, que en septiembre de 1998 promulgó una Ley de Moratoria de la Tributación del Comercio Electrónico. La "*Internet Tax Freedom Act*" se basa en un principio básico según el cual "la información no debe ser gravada", y tiene como propósito estimular el desarrollo tecnológico y comercial que se produce a través de Internet.

Esta Ley prohíbe a los distintos Estados gravar el acceso a Internet, así como imponer impuestos discriminatorios al uso de la misma, tales como sería establecer un impuesto en función del número de bits descargados o atendiendo al ancho de banda. No quedan exentas, al contrario de lo que se pudiera pensar en un primer momento, las ventas realizadas a través de este canal comercial, a las que se les aplicará el mismo tipo impositivo que a las ventas realizadas a través de comercios físicos tradicionales. Es decir, la Ley, no afectó a los impuestos aplicados sobre las ventas realizadas en línea. Estas operaciones de compra-venta siguen siendo gravadas con tasas variables dependiendo de la jurisdicción, de la misma manera que se gravan las operaciones relativas al comercio tradicional. Además, aquellos Estados que ya contaran con impuestos de este tipo, aprobados antes del 10 de enero de 1998, no serían derogados.

Un problema adicional que se presenta en Estados Unidos en las ventas a distancia, que afecta al comercio electrónico, es que su legislación prohíbe a los Estados de destino convertir en obligados tributarios a los vendedores que no se encuentren físicamente en su territorio[12]. Por tanto, los operadores de comercio electrónico que realizan ventas en otros Estados distintos al que se encuentran establecidos, no están obligados a aplicar e ingresar el impuesto

[12] Según la interpretación del Tribunal Supremo de la cláusula de comercio de la Constitución de Estados Unidos, en el caso "Nacional Belas Hes, Inc. (386 U.S. 753, 1967)"

indirecto sobre las ventas minoristas que se contemple en dicho estado. Como consecuencia de las dificultades que supone convertir en obligados tributarios a los consumidores, significa, una situación velada de no tributación[13].

2.1.2. Sujeto a imposición

La posibilidad de someter a tributación las transacciones comerciales electrónicas, enmarcadas en el contexto de la nueva economía, consideramos que es la opción más adecuada. Puesto que como ya se ha mencionado, el comercio electrónico es al igual que el comercio tradicional, una actividad comercial más, por ello, ambas transacciones deben estar sujetas a imposición. Además, el comercio electrónico es oneroso, y crea riqueza, como cualquier otra actividad económica.

Una vez que se considera que las transacciones comerciales electrónicas han de estar sujetas a imposición, la disyuntiva está en determinar que opción es la más adecuada para ello. Ya que se puede optar por crear tributos específicos para el comercio electrónico o por adaptar los ya existentes a la nueva realidad comercial.

2.1.2.1. Crear tributos específicos

En la literatura fiscal de la economía digital nos encontramos con varias propuestas para la creación de tributos específicos que graben el comercio electrónico. Una de las propuestas más conocidas para la creación de un impuesto específico para el comercio

---

[13] MARTOS, J.J. (2006): *Imposición indirecta del comercio electrónico,* Valencia, Tirant Lo Blanch, pág. 181.

electrónico es el *bit tax*[14]. Este tributo gravaría aquellos impulsos que permiten trasladar productos y servicios de un ordenador a otro[15], el número de bits descargados sería lo que constituiría la base imponible, sobre la que se aplicaría el tipo de gravamen correspondiente para la determinación de la cuota impositiva. En este tributo el sujeto pasivo sería el usuario, y el Proveedor de Servicios de Internet –ISP– que proporciona el acceso a la red se convertiría en retenedor.

Con el establecimiento de este tributo lo que se pretendía era asegurar a los Estados de destino un cierto volumen de recaudación, ante unas expectativas de reducción del volumen de la misma como consecuencia de que un importante número de empresas electrónicas sustituyeran a las empresas tradicionales, unido a la imposibilidad de detectar las transacciones comerciales electrónicas, y más concretamente el valor de las mismas, por parte de las Administraciones fiscales competentes.

El argumento económico que subyace para el establecimiento del *Bit Tax*, es que a medida que en la economía aumente el número de intercambios de bienes intangibles el actual concepto de base imponible no será válido, lo que supondrá importantes pérdidas de recaudación, tanto en la fiscalidad directa como indirecta, si bien las pérdidas se concentrarán en el Impuesto sobre el Valor Añadido. Por tanto, la defensa del *Bit Tax* se basa en la argumentación de

---

14 La propuesta fue presentada por primera vez por CORDELL, A. en su informe a la reunión del Club de Roma, celebrada en Buenos Aires en 1994, y bajo el título "The New Welth of Nations", se puede encontrar en "Taxing the Internet: The Proposal for a bit Tax", Journal of Internet Banking and Commerce, nº2/1997; han apoyado esta tesis SOETE,L. y KAMP, *The Bit tax: taxing value in the emerging information*, 1997; y WOLFE "should We Tax The Internet? The Bit Tax", Suite 101-Economics, 1997, entre otros.

15 Se centra en el uso de la lógica binaria, que está detrás de todo el proceso de los ordenadores.

que una nueva base imponible es fundamental si se quiere evitar la insolvencia de los gobiernos.

Además, el principal atractivo del *Bit Tax* es su aparente simplicidad dado que se trata de un impuesto que se aplica al volumen de tráfico interactivo realizado a través de líneas de telecomunicaciones. Sin embargo, tal sencillez puede ser más aparente que real. Ya que uno de los problemas a enmendar es cómo medir con precisión el volumen de flujo de datos y cómo separar aquellos datos que son privados y no han de estar sometidos a tributación de aquellos que realmente son una transacción comercial. En consecuencia, la recaudación podría estar inflada o desinflada, como resultado de las distorsiones no deseadas en la base imponible. Conjuntamente, los impuestos específicos sobre las transacciones comerciales electrónicas violan el principio de neutralidad (CHAN, 2002).

Asimismo el *Bit Tax* se trata de un tributo que se puede aplicar con la tecnología actual, pero no es descartable que en un futuro se quede obsoleto ante los posibles avances tecnológicos, de forma que la adopción del *Bit Tax* favorece el estancamiento tecnológico y los fallos de mercado. De igual manera, se trata de un tributo de difícil recaudación, ya que el sujeto pasivo es el usuario de Internet, siendo este difícil de identificar. Tampoco sería fácilmente gestionable, objetivo esencial y característica imprescindible de cualquier impuesto novedoso a aplicar desde la perspectiva de una Administración tributaria. Su gestión tendría que ser realizada por una Autoridad Tributaria Internacional porque los bits se mueven por Internet, no teniendo una localización precisa. Por tanto, las limitaciones y problemas señalados hacen del *Bit Tax* un impuesto que resulta ser, siguiendo a CARBAJO VASCO (2000):

- Injusto, porque exacciona las transacciones del comercio electrónico no según su valor, sino conforme a las unidades binarias del impuesto informático, lo que supone gravar proporcionalmente más las operaciones repetidas de pequeño valor que transacciones unitarias de gran valor.

- Tecnológicamente desfasado, pues las nuevas tecnologías permiten comprimir datos y, asimismo, está excesivamente volcado en el comercio entre ordenadores, sin tener en cuenta otros medios de ventas.
- Limitado, porque, de esta forma se gravan operaciones que no tienen qué tener un carácter comercial.

Otro impuesto a tener en cuenta en el marco del comercio electrónico seria el APT –*Automated Payment Transactions*–, el mismo se fundamenta en el establecimiento de un impuesto sobre las transacciones comerciales, éste reemplazaría a los impuestos existentes en la actualidad, y tiene como objetivo ampliar la base imponible, así como eliminar las deducciones y exenciones fiscales. Como consecuencia de que cada transacción se liquida por algún medio de pago, los impuestos serán liquidados y recaudados en la fuente, a través de la banca automatizada en el momento en que el intercambio se ha realizado. Esta función de recogida automática eliminaría la necesidad de los individuos y las empresas para presentar la información y las distintas declaraciones de impuestos (FEIGE, 2000).

Por su parte, DOERNBERG, R.L. y HINNEKENS, L. (1999) consideran adecuada la implantación del Impuesto sobre transacciones y el Impuesto sobre Telecomunicaciones, Ordenadores e Internet. El primero de ellos hace referencia a imponer un impuesto sobre los movimientos monetarios que tengan lugar en Internet, el impuesto sería automáticamente retenido por los bancos. Los defensores del mismo sostienen que un tipo impositivo del 1%, podría ser suficiente para sustituir a los actuales impuestos que gravan las transacciones electrónicas. Si bien, el riesgo de la aplicación de este impuesto es que los flujos de dinero a través de Internet se realicen mediante entidades financieras localizadas en los denominados paraísos fiscales, y las mismas no puedan ser controladas por las Administraciones Fiscales de los distintos Estados.

Mientras que el Impuesto sobre las Telecomunicaciones gravaría el servicio de telecomunicaciones atendiendo a un porcentaje determinado. El riesgo de establecer este impuesto, es que el mismo podría ser evitado por las empresas, pudiendo establecerse éstas en territorios donde el mencionado impuesto no estuviera vigente. En lo que hace referencia al establecimiento de un impuesto sobre los ordenadores, éste se impondría a los equipos o infraestructura físicas proveedoras de Internet situados en el territorio de un Estado. El impuesto se cobraría sobre el registro de un ordenador o módem que proporciona acceso a Internet, a pesar de que con el mismo no se lleven a cabo transacciones comerciales.

Siguiendo a HORTALÀ I VALLVÈ, ROCCATAGLIA y VALENTE (2000), podemos señalar tres modalidades más de impuestos específicos sobre el comercio electrónico:

- Impuesto sobre el módem: impuesto a tanto alzado exigido a los fabricantes de módems, puesto que es este componente el que permite el acceso a la red. La idea es una traslación de la solución adoptada en la legislación sobre derechos de autor en materia de copia privada. En estos casos los fabricantes de fotocopiadoras o de cintas grabadoras están obligados a satisfacer un canon en concepto de derecho de autor por las presuntas copias que pueden realizar. Por tanto, el impuesto sobre el módem equivaldría a exigir una compensación por los impuestos no satisfechos en el ámbito del comercio electrónico a los fabricantes de dichos equipos. Los inconvenientes que presenta son, por un lado, la forma de determinación de los importes que deben satisfacer productores o distribuidores, y por otro, la falta de consistencia entre el impuesto recaudado y las operaciones efectuadas.

- Impuesto sobre el consumo de teléfono: un impuesto que tomará como base imponible la factura de las llamadas telefónicas –únicamente en la parte que corresponda a los contactos telemáticos–. Hay que tener en cuenta que no todos los contactos telemáticos han de tener un carácter comercial, por lo que se podría someter a imposición actividades no comerciales.
- Reparto global según una Fórmula Preestablecida: Este método se emplea para distribuir los recursos fiscales entre los distintos Estados en los que una empresa lleva a cabo operaciones de transformación, distribución y comercialización. Sobre la base de las infraestructuras de que dispone un grupo multinacional, en cada Estado se aplican unos criterios de reparto (número de empleados, cifra de ventas, activos invertidos,…). De esta forma se gana en sencillez frente al método tradicional que exige que cada centro actúe como si de una empresa independiente se tratase. Asimismo, el método de reparto sólo requiere la determinación de la base imponible global a partir de las operaciones efectivamente realizadas, y proceder con posterioridad al reparto, evitando así los riesgos de doble o nula imposición.

El establecimiento de impuestos específicos a las transacciones comerciales electrónicas, presenta ventajas e inconvenientes con respecto a la adaptación de los sistemas tributarios a la nueva realidad comercial. La principal ventaja es que al tratarse de nuevos impuestos diseñados de forma específica para el comercio electrónico, los conceptos tributarios que se aplican han sido creados únicamente para esta modalidad, teniendo en cuenta las especiales características de los mismos. Si bien, a pesar de las bondades de establecer impuestos específicos, no podemos obviar la dificultad de que el establecimiento de parámetros o criterios adecuados para la delimitación del hecho y la base imponible no son fáciles de delimitar. Esta situación puede traducirse en el principal inconveniente, unido a lo no aplicación del principio de neutralidad. Ya que si los impuestos que se aplican a las transacciones comerciales electrónicas son distintos de los que se aplican a las transacciones comerciales tradicionales, estamos tratando de forma diferente dos bienes o servicios idénticos o perfectamente sustituibles.

2.1.2.2. Adaptación de los tributos existentes

La incertidumbre generada por la ausencia de un marco regulatorio definido constituye un obstáculo al desarrollo del comercio electrónico, así como una pérdida de ingresos fiscales por parte de la administración tributaria correspondiente. Es por ello, que distintas organizaciones internacionales como la OCDE y la UE han trabajado en esta cuestión y han realizado trabajos de análisis de la nueva realidad comercial y aportado ideas generales o principios que pueden ayudar a la solución de los distintos problemas que plantea el comercio electrónico. Y la conclusión a la que han llegado las principales organizaciones internacionales en los distintos informes que han realizado al respecto, es que la alternativa más factible es la de adaptar la fiscalidad vigente, eso sí, respetando los instrumentos y principios tributarios existentes.

En primer lugar, la OCDE, en el año 1998 presentó el informe "*Electronic Commerce: Taxation Framework Conditions*", cuya principal conclusión fue que los principios fiscales tradicionales han de ser aplicables al comercio electrónico, no siendo necesario diseñar nuevas figuras tributarias, ya que las mismas podrían resultar discriminatorias para el mismo, ya sea en sentido positivo o negativo. En cualquier caso, han de respetarse los principios de la fiscalidad tradicional, que a juicio del citado informe de la OCDE, son los siguientes:

- Neutralidad, el sistema fiscal debe asegurar una imposición homogénea e igualitaria entre el comercio electrónico y el comercio tradicional. La decisión de compra se debe basar en razones económicas y no en razones impositivas. Los contribuyentes que realizan transacciones similares deben cumplir con las mismas obligaciones impositivas, independientemente de si se trata de comercio electrónico o tradicional.
- Eficiencia, las nuevas tecnologías ofrecen a las Administraciones fiscales la posibilidad de mejorar sus servicios y reducir costes para los contribuyentes, por tanto, los costes fiscales deben ser reducidos tanto como sea posible.
- Seguridad y sencillez, las normas fiscales aplicables a todas las operaciones comerciales deben ser claras y fáciles de entender, para que los contribuyentes puedan adelantarse a las consecuencias y calcular previamente, las implicaciones de una determinada transacción.

La simplicidad del modelo impositivo debe entenderse desde dos puntos de vista, primero, facilitando el cumplimiento para los obligados tributarios y segundo, facilitando el control para las administraciones fiscales, evitando cargas innecesarias para ambos en el ejercicio de sus obligaciones.

Las nuevas tecnologías de la información y la comunicación contribuyen a hacer más sencillo todo el proceso de comunicación entre el sujeto pasivo y la Administración, ya que facilitan las tareas de cumplimiento y control.

Además, hay que tener en cuenta que por las características del comercio electrónico, el modelo impositivo que se establezca en un determinado Estado debe realizarse con una visión global, ya que es muy probable que se vean implicadas distintas jurisdicciones.

- Eficacia y justicia, la exacción fiscal debe garantizar el adecuado reparto de las bases imponibles entre los distintos países, sin que se produzcan interferencias de soberanía fiscal. Las posibilidades de fraude o elusión fiscal deberán ser limitadas al máximo, así como los riesgos de doble imposición. Las medidas para prevenir el fraude deberán ser proporcionales y no deben constituirse en obstáculo para el comercio electrónico.
- Flexibilidad, el sistema fiscal debe ser flexible y dinámico, y asegurar que va dando los mismos pasos que las nuevas tecnologías y el comercio electrónico, sin que se dé la necesidad de realizar continuos cambios legislativos.

La Unión Europea, no ha sido ajena a la importancia de la economía digital y también ha realizado estudios referentes a la fiscalidad del comercio electrónico. Con el documento, publicado en el año 1997, "Iniciativa Europea de Comercio Electrónico", establece que se ha de respetar la seguridad jurídica, evitar pérdidas de recaudación indebidas y asegurar la neutralidad fiscal. Si bien, de las distintas Directivas y documentos generales publicados en relación con el comercio electrónico se puede destacar la Comunicación de 1998, "Comercio electrónico y Fiscalidad Indirecta", donde además de incidir en el principio de neutralidad establece una serie de directrices que son:

- Ausencia de nuevos impuestos, en el ámbito de la fiscalidad indirecta, deben concentrarse todos los esfuerzos en la adaptación de los impuestos existentes, y más concretamente del IVA, al desarrollo del comercio electrónico. En consecuencia no se contemplarán nuevos o adicionales gravámenes sobre este ámbito.
- La transmisión electrónica debe calificarse a efectos del IVA como una prestación de servicios.

- Garantizar la neutralidad, la Comisión estima que el sistema IVA comunitario debería garantizar que los servicios prestados mediante el comercio electrónico o cualquier otra forma de comercio, destinados al consumo en la Unión Europea, se graven dentro de la misma, independientemente de su origen.
- Facilitar el cumplimiento. El cumplimiento en el ámbito del comercio electrónico debe ser lo más fácil posible para todos los operadores. La armonización de los sistemas fiscales con las prácticas empresariales establecidas es fundamental para un cumplimiento eficaz de las obligaciones tributarias, tanto para los agentes como para las administraciones fiscales. Por consiguiente, los mecanismos fiscales de liquidación de impuestos deben ser plenamente compatibles con las prácticas comerciales.
- Garantizar el control. Los sistemas fiscales deberán garantizar que todos los tipos de consumo en la Unión Europea se gravan de la misma manera.
- Facilitar la administración de los impuestos.

En el ámbito de la Unión Europea el cumplimiento del Principio de Neutralidad, constituye un pilar fundamental. Ya que la neutralidad tributaria hace referencia a la relación existente entre los impuestos y la eficiencia económica, con el objetivo de que los impuestos no afecten, o lo hagan en el menor grado posible, en la asignación de recursos entre los diferentes Estados, así como dentro de un mismo territorio, entre las distintas regiones existentes. Además, la Unión Europea añadió una segunda vertiente, al indicar que tampoco debían existir discriminaciones entre los propios operadores electrónicos en virtud de su lugar de establecimiento, proyectando el Principio de Neutralidad en dos direcciones: intersectorial y espacial (MARTOS, 2006).

La neutralidad intersectorial busca que las consecuencias fiscales sean idénticas para todos los bienes y servicios, con independencia del canal comercial utilizado para su adquisición –tradicional o electrónico–. Mientras que la neutralidad espacial afectaría a operadores del mismo sector pero establecidos en lugares diferentes, por lo que demanda al legislador que el régimen fiscal fuese el mismo para los distintos operadores del comercio electrónico, independientemente de su lugar de establecimiento.

Además, de las distintas organizaciones internacionales los Estados, ante la importancia del fenómeno de la economía digital, también han propiciado la elaboración de estudios sobre la fiscalidad de las transacciones comerciales electrónicas. Uno de los primeros que se realizó, fue el elaborado por el Departamento del Tesoro de EE.UU., publicado a finales de 1996, "*Selected Tax Policy Implications of Global Electronic Commerce*", donde analiza los problemas prioritarios, reales y potenciales, a los que debe hacer frente la Administración Federal derivados de las nuevas tecnologías. En el mismo, también establecen tres fundamentos básicos sobre los que debería asentarse la política fiscal federal en todo aquello relacionado con el comercio electrónico:

- El principio de neutralidad, las transacciones electrónicas que sean similares a aquellas que se llevan a cabo en el comercio tradicional deben tributar de manera similar, es decir, no se debe discriminar una transacción por el mero hecho de realizarse mediante comercio tradicional o electrónico.
- Se establece el principio de aplicación, en la medida de lo posible, de los actuales principios de fiscalidad internacional. La sustitución de los principios ya existentes por otros nuevos debe hacerse únicamente en casos excepcionales.
- El nuevo marco legislativo tributario del comercio electrónico debe ser general y flexible para afrontar y presentar

soluciones a las nuevas formas de comercio que puedan surgir.

Canadá, en el año 1998, publicó el informe "*Comercio Electrónico y la Administración de Impuestos de Canadá*", en el que además de examinar el crecimiento del comercio electrónico, se realiza un resumen de la política fiscal y cuestiones administrativas que se derivan del comercio electrónico concluyendo con una serie de recomendaciones. Entre las mismas se puede destacar que la problemática fiscal considera que no puede resolverse de forma unilateral, por lo que la cooperación de los distintos gobiernos y del sector privado es necesaria para hacer frente a los problemas de manera completa sin reprimir el impulso y oportunidad para el crecimiento en el comercio internacional que presenta el comercio electrónico. Insistiendo en la idea de velar por la neutralidad fiscal y la equidad entre el comercio tradicional y el comercio electrónico.

El Ministerio de Economía, Comercio e Industria de Japón (2000) considera que el comercio electrónico será beneficioso para todas las jurisdicciones, ya que contribuye al crecimiento económico sostenible, mejora el bienestar público, y fomenta la cohesión social. En el marco de la fiscalidad, considera que los principios que ha de seguir la normativa que regula al mismo son los siguientes: transparencia, trato no discriminatorio entre operaciones nacionales e internacionales, ausencia de restricciones al comercio electrónico, y el uso de normativa internacional normalizada.

Por tanto, atendiendo tanto a las opiniones señaladas por las organizaciones internacionales como por las jurisdicciones podemos considerar que la opción más adecuada para hacer tributar las operaciones comerciales electrónicas es adaptar los tributos existentes a la nueva realidad comercial. Si bien, es necesario que se respeten los principios básicos de tributación, en especial, el principio de neutralidad. Una discriminación positiva o negativa, del comercio tradicional frente al comercio electrónico, puede tener consecuencias no deseadas para la economía. Una de ellas, la podríamos relacionar de forma directa con la no aplicación del principio de suficiencia tributaria.

En cualquier caso, la adaptación de los actuales tributos a la nueva economía no es una tarea sencilla, ya que los mismos no están diseñados atendiendo a las características de las nuevas tecnologías de la información y la comunicación, principalmente si pensamos en los bienes y servicios intangibles. Los actuales conceptos tributarios fueron diseñados pensando en que los mismos tenían que atravesar fronteras físicas, fronteras que en el comercio electrónico desaparecen como consecuencia del desarrollo tecnológico.

Una no adaptación de las normas tributarias a la nueva realidad comercial, podrían favorecer la evasión o el fraude fiscal. El entorno de Internet, facilita que tanto comprador como vendedor puedan buscar aquellas jurisdicciones con una carga tributaria menor, en busca de su propio beneficio. Los vendedores, por un lado, buscarán aquellos territorios donde el gravamen a las empresas sea lo más reducido posible. Los compradores, por su parte, según su propio criterio buscarán el menor precio del bien o servicio que desean adquirir o una mayor relación calidad precio. En ambos casos, llevaran a cabo, lo que denominamos un proceso de planificación fiscal.

Los problemas fiscales tradicionales, presentes en el comercio tradicional, se ven agravados con el comercio electrónico, es por ello que, la comunidad económica internacional se ha visto inmersa en un debate sobre la normativa a aplicar en el comercio electrónico, ya que es necesario que se realice una adaptación tanto de la normativa interna de cada Estado, como de la normativa internacional, ya que el comercio electrónico da lugar a situaciones en las que se produce un vacío legal, consecuencia del anonimato y la falta de control de las autoridades tributarias sobre Internet, o una doble imposición por ser de aplicación la normativa interna así como la internacional. Para ello es necesario que existan normas válidas para aplicarlas en aquellas operaciones comerciales donde intervienen dos Estados y se ven implicadas dos legislaciones diferentes.

Figura 8: Adaptación de la normativa interna e internacional al comercio electrónico.

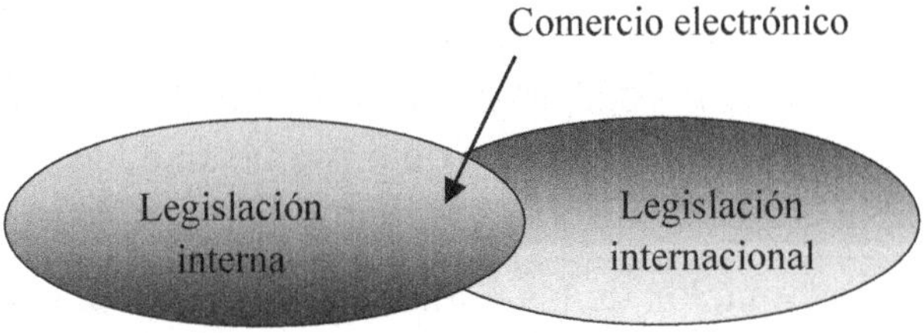

FUENTE: Elaboración propia.

Resulta, por tanto, muy complejo diseñar un marco jurídico-tributario que satisfaga a todos, por lo que la adaptación de los sistemas tributarios se tiene que llevar a cabo de forma pausada y estudiada, en caso contrario, puede dar lugar a un sistema fiscal ineficiente. Para ello, es importante que exista consenso entre los diferentes Estados implicados en las transacciones comerciales electrónicas, ya que tendrán que ser adaptados los sistemas tributarios de todos los países. La necesidad de consenso internacional hace más compleja la situación, todo ello teniendo en cuenta que se ha revitalizado el debate sobre el reparto del poder entre el Estado de residencia y el de la fuente para someter a imposición las rentas internacionales procedentes del comercio electrónico.

Siguiendo a HORTALÀ I VALLVÈ, ROCCATAGLIA y VALENTE (2000), la solución a la problemática fiscal de las transacciones comerciales electrónicas vendrá a través de políticas fiscales diseñadas específicamente para el comercio electrónico, basadas en la cooperación internacional y en un intenso intercambio de información, siendo los objetivos prioritarios:

- La elaboración de normas comunes sobre la fiscalidad del comercio electrónico.
- La coordinación de las medidas adoptadas por las autoridades fiscales de los Estados interesados en eliminar la competencia fiscal desleal en la red de Internet.
- La cooperación entre autoridades tributarias en la lucha conjunta contra el fraude y la evasión fiscal, llevada a cabo por medio de las nuevas formas de comunicación.
- La definición del papel de los tratados internacionales en materia de doble imposición.

El establecimiento de normas tributarias de carácter internacional es muy importante para lograr una adecuada tributación de las transacciones comerciales electrónicas. En una economía como la actual, donde gran parte de las transacciones comerciales que tienen lugar son de carácter internacional, hay que tener en cuenta que las decisiones tomadas por un Estado, afectan a las decisiones del resto de jurisdicciones. Esto puede llegar a establecer un proceso de competencia fiscal, por las posibilidades con las que cuentan los contribuyentes, empresas y consumidores, a la hora de elegir el lugar donde obtener y tributar las bases imponibles de los distintos impuestos a los que tienen que hacer frente.

La existencia de competencia fiscal internacional puede dar lugar a una disminución de la tributación efectiva de la renta, debido a que los Estados se ven en la obligación de tener que modificar sus sistemas fiscales con el objetivo de hacerlos más atractivos. Ya que la misma da lugar a un deterioro del concepto de la renta como principal objeto de los tributos, lo que a su vez puede implicar una pérdida de recaudación por parte del sector público de las distintas jurisdicciones, lo que lleva asociado una no aplicación del principio de suficiencia.

En definitiva, la adaptación de los sistemas tributarios de los distintos Estados ha de hacerse de forma consensuada, ya que el marcado carácter internacional de las transacciones comerciales electrónicas hace necesario que los países se pongan de acuerdo en unos mínimos legislativos, ya que en caso contrario las modificaciones que se llevaran a cabo carecerían de eficiencia, y pondrían en peligro tanto la aplicación del principio de neutralidad como de suficiencia tributaria.

2.2. PROBLEMÁTICA DE LA TRIBUTACIÓN DE LAS TRANSACCIONES COMERCIALES ELECTRÓNICAS

2.2.1. Impuestos afectados

Una vez que hemos determinado que las transacciones comerciales electrónicas han de estar sujetas a tributación, ya que se trata de una actividad comercial más, que al igual que el comercio tradicional, pone de manifiesto una capacidad económica determinada, y que la opción más adecuada para ello es aplicar los tributos vigentes, realizando las adaptaciones de los conceptos tributarios que sean necesarias para adaptarlos a las especiales características del comercio electrónico.

La opción de aplicar los tributos existentes al comercio electrónico es la que cuenta con la aceptación tanto de las instituciones internacionales, los Estados y la doctrina. Ya que con ella se pretende garantizar la aplicación de los principios básicos de tributación, en especial los principios de neutralidad y suficiencia. Es por ello, que podemos afirmar que los impuestos que gravan las transacciones comerciales electrónicas son los mismos que se aplican a las operaciones comerciales tradicionales.

En el caso de la imposición directa, ésta grava los beneficios o renta que obtienen los agentes económicos, con independencia de si la misma procede de operaciones comerciales electrónicas o tradicionales. Los impuestos que hay que tener en cuenta, por lo tanto, son el Impuesto sobre la Renta de las Personas Físicas –IRPF–, el Impuesto sobre Sociedades –IS–, el Impuesto sobre la Renta de No Residentes –IRNR-y los distintos impuestos municipales que pudieran existir, en el caso de España, por ejemplo, nos encontramos con el Impuesto sobre Actividades Económicas –IAE– y el Impuesto sobre Bienes Inmuebles –IBI–, entre otros con una incidencia menor. Aquellos impuestos que recaen sobre el patrimonio o la propiedad que son obtenidos por las personas físicas o jurídicas como consecuencia de la acumulación de beneficios por la realización de una actividad comercial, no tienen una fiscalidad diferenciada ni suponen ningún problema adicional, ya se trate de comercio electrónico o de comercio tradicional. Por ello, no se va a hacer mención directa al Impuesto sobre el Patrimonio –IP–, ni al Impuesto sobre Sucesiones y Donaciones –ISyD–.

El problema principal en la imposición es la determinación de la base imponible, fundamentalmente al encontrarnos ante bienes y servicios digitalizables. Ésta cuestión se ve agravada cuando nos encontramos con un sujeto pasivo defraudador, ya que las autoridades tributarias se encuentran con la dificultad de conocer los movimientos de los mismos así como determinar su precio, por tratarse en gran parte de las ocasiones de bienes o servicios desarrollados de forma exclusiva por una empresa para otra empresa, entre la cuales puede ocurrir, incluso, que la dirección sea compartida.

La dificultad de determinar la base imponible lleva asociado otro inconveniente al que tienen que hacer frente las autoridades tributarias, directamente relacionado con el principio de suficiencia tributaria, este problema es la deslocalización de los agentes económicos que llevan a cabo transacciones comerciales electrónicas. La existencia de una imposición directa más elevada o más compleja en una jurisdicción o en otra, puede dar lugar a que determinados agentes decidan establecer su domicilio en un Estado u otro atendiendo a razones de carácter fiscal. Por ello, es necesario que exista una mínima coordinación entre los diferentes Estado –como por ejemplo, el intercambio de información fiscal–, con el objetivo de evitar tanto la evasión como el fraude fiscal, así como situaciones de doble imposición.

En cualquier caso, los mecanismos de cooperación que se establezcan entre las distintas administraciones tributarias han de perseguir el logro de la aplicación de los principios básicos de tributación, ya enunciados tanto por parte de la OCDE como de la UE. Ya que los mismos pretenden establecer un sistema tributario sencillo y eficiente, no suponiendo para los obligados tributarios una excesiva labor administrativa, así como equitativo y justo, al igual que debe promover el crecimiento y el desarrollo de la sociedad. No debemos olvidar, que los impuestos directos dan lugar a una mayor distribución de la renta, lo que permite el acceso a los ciudadanos a los bienes y servicios públicos, principalmente a aquellos de carácter fundamental como la educación y la sanidad. Siendo este un motivo más por el que la actividad económica a través de Internet debe estar sujeta a tributación.

En el marco del comercio electrónico, quizá, el Impuesto sobre Sociedades es el que tiene una mayor incidencia con respecto al resto de tributos directos que gravan la actividad comercial electrónica, ya que gran parte de las transacciones comerciales que se realizan son llevadas a cabo por personas jurídicas. La determinación de la base imponible, variando de unos Estados a otros, junto con la diferencia de tipos impositivos es la cuestión que afecta en mayor medida al Impuesto. En cuanto a la determinación de la base imponible, lo más adecuado sería que todas las jurisdicciones siguieran las mismas reglas fiscales en cuanto a la determinación de la misma, ya que de esta forma no obtendrían ni beneficios ni desventajas fiscales por ubicarse en determinados territorios. Las especiales características de las operaciones electrónicas, principalmente cuando se trata de comercio electrónico directo, facilitan que las empresas busquen emplazamientos por razones fiscales, que, si lo unimos a la dificultad de situar en un Estado concreto las operaciones comerciales con intangibles, así como la valoración de las mismas, nos encontramos ante una ventaja fiscal del comercio electrónico frente al comercio tradicional, motivada por cuestiones de índole fiscal. Esta discriminación positiva hacía el comercio electrónico puede traducirse en una merma de los ingresos públicos de los Estados, afectando de forma directa al Estado de Bienestar.

Es por ello, que desde la Unión Europea se está trabajando en desarrollar una Base Imponible Consolidada Común, si bien este proyecto no nace con la finalidad concreta de solventar los problemas tributarios que presentan las transacciones comerciales electrónicas. Si no que el mismo pretende evitar tanto la deslocalización de empresas tradicionales como de la nueva economía. Con el presente proyecto fiscal la Comisión Europea parte de una concepción amplia de la base imponible, lo que supondría aplicar un número reducido de incentivos fiscales y regímenes especiales en el impuesto, de manera, que se consiga una mayor neutralidad y simplicidad del mismo. Adicionalmente, si la base imponible es amplia, las distintas jurisdicciones europeas podrán reducir los tipos impositivos manteniendo la recaudación.

La diferencia de tipos impositivos es la cuestión más visible en lo que respecta a las diferencias normativas en los impuestos sobre sociedades aplicables en los distintos Estados. A la divergencia de tipos impositivos hay que sumar la existencia de regímenes específicos que aplican tipos impositivos diferentes al tipo general de aplicación del impuesto, como sería, por ejemplo, el caso de tipos impositivos reducidos para las pequeñas y medianas empresas –beneficio fiscal del que también pueden gozar las empresas electrónicas–. A lo largo de los últimos años se ha producido una tendencia a la baja del impuesto societario, como así lo ponen de manifiesto la media tanto de la OCDE, como de la UE y la mundial.

Tabla 7: Tipo impositivo máximo del Impuesto sobre Sociedades (%).

	2009	2010	2011	2012	2013	2014	2015
ARGENTINA	35	35	35	35	35	35	35
AUSTRALIA	30	30	30	30	30	30	30
AUSTRIA	25	25	25	25	25	25	25
BÉLGICA	33,99	33,99	33,99	33,99	33,99	33,99	33,99
BRASIL	34	34	34	34	34	34	34
BULGARIA	10	10	10	10	10	10	10
CANADÁ	33	31	28	26	26	26,5	26,5
CHINA	25	25	25	25	25	25	25
DINAMARA	25	25	25	25	25	24,5	23,5
FINLANDIA	26	26	26	24,5	24,5	20	20
FRANCIA	33,33	33,33	33,33	33,33	33,33	33,33	33,33
ALEMANIA	29,44	29,41	29,37	29,48	29,55	28,58	29,65
GRECIA	25	24	20	20	20	20	29
HONG KONG	16,5	16,5	16,5	16,5	16,5	16,5	16,5
ISLANDIA	15	18	20	20	20	20	20
IRLANDA	12,5	12,5	12,5	12,5	12,5	12,5	12,5
ITALIA	31,4	31,4	31,4	31,4	31,4	31,4	31,4
JAPÓN	40,69	40,69	40,69	38,01	38,01	35,64	33,06
LITUANIA	20	15	15	15	15	15	15
LUXEMBURGO	28,59	28,59	28,8	28,8	29,22	29,22	29,22
MALTA	35	35	35	35	35	35	35
MÉXICO	28	30	30	30	30	30	30
PAÍSES BAJOS	25,5	25,5	25	25	25	25	25
NUEVA ZELANDA	30	30	28	28	28	28	28
NORUEGA	28	28	28	28	28	27	27
PANAMA	30	27,5	25	25	25	25	25

POLONIA	19	19	19	19	19	19	19
PORTUGAL	25	25	25	25	25	23	21
RUMANIA	16	16	16	16	16	16	16
RUSIA	20	20	20	20	20	20	20
ESLOVENIA	21	20	20	18	17	17	17
SUDÁFRICA	34,55	34,55	34,55	34,55	28	28	28
ESPAÑA	30	30	30	30	30	30	28
SUECIA	26,3	26,3	26,3	26,3	22	22	22
SUIZA	19,96	18,75	18,31	18,06	18,01	17,92	17,92
REINO UNIDO	28	28	26	24	23	21	20
ESTADOS UNIDOS	40	40	40	40	40	40	40
Media UE	23,11	22,93	22,7	22,51	22,75	21,34	22,25
Media OCDE	25,64	25,7	25,4	25,15	25,32	24,11	24,86

FUENTE: KPMG's Corporate and Indirect Tax Rate Survey 2016, https://home.kpmg.com/xx/en/home/services/tax/tax-tools-and-resources/tax-rates-online/corporate-tax-rates-table.html Consultado el 10 de mayo de 2016.

Ante la diversidad de en el cálculo de la base imponible y la existencia de diversos tipos impositivos los contribuyentes tienen distintas opciones para buscar aquellos sistemas tributarios que le son más favorables. Ya se trate de comercio electrónico o de comercio tradicional podrán buscar una localización óptima por cuestiones de carácter fiscal. Si bien, debido a las peculiaridades de las transacciones comerciales electrónicas, y más concretamente de los bienes intangibles, es el comercio electrónico directo el que dispone de una mayor capacidad de movilidad.

En el ámbito del IRPF nos encontramos con los mismos problemas que se presentan cuando se hace referencia al impuesto societario. La determinación de la base imponible varía de unas jurisdicciones a otras, encontrando además dos formas distintas de llegar a la misma, modelo dual –con un tratamiento diferenciado de las rentas salariales y de capital– o modelo sintético, así como la diferencia de tipos de gravamen. La misma problemática se reproduce en el IRNR, ya que el mismo remite a la legislación del IRPF o del IS, según se trate de personas físicas o jurídicas. Existiendo por tanto una legislación diferente, complementaria o contradictoria, en cada uno de los Estados. Si bien, en el marco de las transacciones comerciales, electrónicas o tradicional, la relevancia de estos impuestos es menor, teniendo un mayor protagonismo el Impuesto sobre Sociedades.

La existencia de reglas tributarias diferentes para la determinación de la base imponible y la existencia de múltiples tipos impositivos, en el ámbito de la fiscalidad directa, hacen necesario que sean objeto de revisión los conceptos tributarios, válidos para el comercio tradicional, como el de residencia fiscal, directamente relacionado con la calificación de las rentas, y el concepto de establecimiento permanente.

Además, de los impuestos principales en el ámbito de la fiscalidad directa, que son aquellos que tienen una mayor transcendencia en los actuales sistemas tributarios de los distintos Estados, no debemos olvidarnos que aquellos tributos directos que son gestionados por niveles inferiores de gobierno y a los que también están obligados aquellos sujetos que realizan transacciones comerciales electrónicas. Ya que al igual que el IS o en el IRPF cada jurisdicción establece una forma distinta de determinar la base imponible, unos tipos impositivos diferentes e incluso los impuestos varían de una jurisdicción a otra, e inclusive dentro del mismo territorio debido a las distintas normas tributarias vigentes.

En el caso de España, por ejemplo, el impuesto de mayor relevancia es el Impuesto sobre Actividades Económicas –IAE–. El mismo es un tributo local, ya que es exigido por los Ayuntamientos, tiene un carácter real, y el hecho imponible está constituido por el mejor ejercicio, en territorio nacional, de actividades empresariales, profesionales o artísticas, se ejerzan o no en local determinado y se hallen o no especificadas en las tarifas del Impuesto. La problemática en las transacciones comerciales electrónicas se encuentra en que todos los sujetos pasivos del impuesto, es decir, todos aquellos que realicen operaciones comerciales en territorio español, deberán pagar la cuota correspondiente al mismo, en aquel territorio donde la transacción tiene lugar. Sin embargo, la actual normativa para determinadas actividades, como aquellas relacionadas con las actividades comerciales, no recoge cuotas de carácter nacional, de forma que un sujeto pasivo dedicado al comercio electrónico sin establecimiento permanente deberá darse de alta en el Impuesto y satisfacer las correspondientes cuotas en todos aquellos municipios donde lleve a cabo transacciones comerciales.

Las dificultades para cumplir con las obligaciones tributarias, ya sean administrativas o económicas, son mayores cuando las transacciones comerciales tienen un carácter internacional, ya que al desconocimiento de la norma tributaria interna hay que unir la falta de un epígrafe específico en el IAE para el comercio electrónico. Por lo que sería adecuado establecer un epígrafe concreto que abarcara las operaciones comerciales electrónicas, de forma similar al ya existente con las ventas por catálogo o la venta a través de grandes superficies.

Por otro lado, el principal impuesto que tiene incidencia en el ámbito de la fiscalidad indirecta es el Impuesto sobre el Valor Añadido –IVA–, y de forma residual se verá afectado el Impuesto sobre Transmisiones Patrimoniales y Actos Jurídicos Documentados-ITPyAJD–.

El IVA se aplica en toda la Unión Europea con el objetivo de lograr un mercado común de libre competencia, siendo necesario para ello una armonización mínima de las distintas legislaciones de los Estados miembros. La adopción de un sistema común de valor añadido tiene como objetivo reducir o eliminar las distorsiones que pudieran surgir en el comercio desarrollado dentro de la Comunidad Europea. La solución se articula a partir de la propuesta que el *Informe Neumark*, de 1962, hace del IVA, como imposición armonizada sobre el volumen de ventas entre los países integrantes entonces del Mercado Común, dando el primer paso el 11 de abril de 1967 con la aprobación por la Comisión de las Comunidades Europeas de la Primera y Segunda Directivas, aunque es en 1977, con la Sexta Directiva, cuando se establece uniformidad en el cálculo de la base imponible y se definen los elementos tributarios básicos del IVA. La Sexta Directiva es el "Código Europeo del IVA", al cual deben referirse en sus aspectos sustantivos los impuestos de cada Estado miembro. A partir del año 2006, la Directiva fundamental a tener en cuenta es la Directiva 2006/112/CE del Consejo de 28 de noviembre de 2006 relativa al sistema común del impuesto sobre el valor añadido, ya que se trata de una refundición de la Sexta Directiva, donde se reúnen las diversas modificaciones realizadas a lo largo de los años en un solo documento.

No debemos olvidar, que el IVA recae en última instancia en el consumidor final, en forma de porcentaje aplicado al precio final del bien o del servicio. Y el hecho imponible del impuesto lo constituyen, en primer lugar, las entregas de bienes y prestaciones de servicios realizadas por empresarios o profesionales, entendiéndose por entrega de bienes la transmisión del poder de disposición sobre un bien corporal con las facultades atribuidas a este. Mientras que se considerarán prestaciones de servicios todas las operaciones que no constituyen entregas de bienes. En segundo lugar, las adquisiciones intracomunitarias de bienes, considerándose la obtención del poder de disposición como propietario de un bien mueble corporal expedido o transportado, con destino al adquiriente, por el vendedor, por el adquiriente o por cuenta de ellos, hacia un Estado miembro distinto del de partida de la expedición o del transporte del bien. Y por último, las importaciones de bienes.

El problema de la aplicación del IVA a las operaciones comerciales electrónicas se encuentra en el carácter dual del mismo distinguiendo entre entregas de bienes y prestaciones de servicios, ya que el lugar de tributación varía para unos y otros. La regla general determina que el lugar de tributación de las entregas de bienes será el lugar dónde el bien es consumido, mientras que en las prestaciones de servicios será el lugar donde se encuentre la sede o la residencia del prestador de servicios. Si bien, en el ámbito del comercio electrónico, como consecuencia de la aparición de los bienes intangibles, lo que hasta hace unos años era claramente un bien intangible, actualmente se ha convertido en un servicio, atendiendo al canal de comercialización utilizado para su compra.

A la dualidad del IVA hay que unir las diferencias de tipos impositivos, que varían atendiendo a si se trata de una entrega de bienes o una prestación de servicios, existiendo, además, diferencias entre las distintas jurisdicciones. Esto no tendría gran importancia si el comercio electrónico no facilitara las operaciones internacionales, pero como consecuencia de las transacciones de comercio electrónico directo, un residente en España puede adquirir un bien digitalizado a cualquier país de la Unión Europea, o a un Estado situado en un continente diferente. El comprador buscará el precio más reducido, y como el coste de desplazamiento es el mismo, cero, adquirirá el producto donde le resulte más ventajoso. Esta situación favorece a aquellos Estados con unos tipos impositivos más reducidos, no discriminado solo en función de si se trata de una entrega de bienes o una prestación de servicios.

En lo referente a los tipos impositivos hay que tener en cuenta que los Estados miembros aplicarán un tipo impositivo normal de IVA, fijado por cada Estado miembro en un porcentaje de la base imponible que será el mismo tanto para las entregas de bienes como para las prestaciones de servicios. Desde el 1 de enero de 2006 hasta el 31 de diciembre de 2010, el tipo normal no podrá ser inferior al 15 %. Aunque los Estados miembros podrán aplicar uno o dos tipos reducidos. Los tipos reducidos se aplicarán únicamente a las entregas de bienes y a las prestaciones de servicios de las categorías que figuran en el anexo III[16].

---

[16] ANEXO III

1) Los productos alimenticios (incluidas las bebidas, pero con exclusión de las bebidas alcohólicas) para consumo humano o animal, los animales vivos, las semillas, las plantas y los ingredientes utilizados normalmente en la preparación de productos alimenticios; los productos utilizados normalmente como complemento o sucedáneo de productos alimenticios;

2) Suministro de agua;

3) Los productos farmacéuticos del tipo de los utilizados normalmente para el cuidado de la salud, la prevención de enfermedades y tratamiento con fines médicos o veterinarios, incluidos los contraceptivos y los productos de higiene femenina;

4) Los equipos médicos, los aparatos y demás instrumental utilizados normalmente para aliviar o tratar deficiencias, Para uso personal y exclusivo de minusválidos, incluida la reparación de dichos bienes y la entrega de asientos Infantiles para acoplar en automóviles;

5) Transporte de personas y de sus equipajes;

6) Suministro de libros, comprendido su alquiler por bibliotecas (incluidos folletos, prospectos, impresos afines, álbumes, libros infantiles de pintura, dibujo y coloreado, música impresa o manuscrita, planos y mapas hidrográficos y similares), periódicos y revistas, que no sean íntegra o predominantemente material publicitario;

7) Derecho de acceso a espectáculos, teatros, circos, ferias, parques de atracciones, conciertos, museos, parques zoológicos, salas cinematográficas, exposiciones y otras manifestaciones y locales semejantes de carácter cultural;

8) Recepción de servicios de radiodifusión y televisión;

9) Prestaciones de servicios por escritores, compositores y artistas intérpretes, y derechos de autor adeudados a los mismos;

10) Suministro, construcción, renovación y transformación de viviendas proporcionadas en el marco de la política social;

11) Suministro de bienes y servicios de los utilizados normalmente para la producción agraria, excepto bienes de capital como maquinaria o edificios;

12) Alojamiento facilitado por hoteles y establecimientos afines, incluido el alojamiento para vacaciones y el arrendamiento de emplazamientos en terrenos para campings y espacios de estacionamiento de caravanas;

13) Derecho de acceso a manifestaciones deportivas;

14) Derecho de utilizar instalaciones deportivas;

15) Entrega de bienes y prestación de servicios por parte de organizaciones caritativas reconocidas por los Estados; miembros, dedicadas a la asistencia social y de seguridad social, en tanto en cuanto dichas operaciones no estén exentas en virtud de lo dispuesto en los artículos 132, 135 y 136;

Aquellas jurisdicciones situadas en territorio distinto a la Unión Europea, pueden recoger en sus legislaciones tributos similares al impuesto indirecto europeo, o no, como sería el caso de Estados Unidos.

Estados Unidos no cuenta con un impuesto nacional al valor agregado, aunque la mayoría de los estados, y algunos gobiernos locales imponen impuestos transaccionales basados comúnmente como impuestos sobre ventas y uso. Hay alrededor de 7.600 jurisdicciones en todo el país que han optado por imponer un impuesto sobre las ventas locales. Los impuestos estatales y locales de venta en los Estados Unidos pueden ir desde un 5% a 10.25%. Todos los estados y algunas localidades tienen amplias facultades para determinar si las mercancías y los servicios están sujetos a dicho impuesto o por el contrario se encuentran totalmente exentos.

Tabla 8: Tipo impositivo máximo del Impuesto sobre el Valor Añadido (%).

	2009	2010	2011	2012	2013	2014	2015
ARGENTINA	21	21	21	21	21	21	21
AUSTRALIA	10	10	10	10	10	10	10
AUSTRIA	20	20	20	20	20	20	20
BÉLGICA	21	21	21	21	21	21	21
BRASIL	19	19	19	19	19	19	19
BULGARIA	20	20	20	20	20	20	20
CANADÁ	5	5	5	5	5	5	5
CHINA	17	17	17	17	25	17	17
DINAMARA	25	25	25	25	25	25	25

16) Prestación de servicios por funerarias y servicios de cremación, junto con el suministro de los bienes relacionados con dicha actividad;

17) Prestación de asistencia sanitaria y dental, así como de tratamiento termal, en tanto en cuanto no esté exenta en virtud de lo dispuesto en las letras b) a e) del apartado 1 del artículo 132;

18) Prestaciones de servicios en relación con la limpieza de las vías públicas, la recogida de basuras y tratamiento de residuos, que no sean los prestados por los órganos mencionados en el artículo 13.

	2009	2010	2011	2012	2013	2014	2015
FINLANDIA	22	23	23	23	24	24	24
FRANCIA	19,6	19,6	19,6	19,6	19,6	20	20
ALEMANIA	19	19	19	19	19	19	19
GRECIA	19	23	23	23	23	23	23
HONG KONG	-	-	-	-	-	-	-
ISLANDIA	24,5	25,5	25,5	25,5	25,5	25,5	24
IRLANDA	21,5	21	21	23	23	23	23
ITALIA	20	20	21	21	21	22	22
JAPÓN	5	5	5	5	5	8	8
LITUANIA	18	19	21	21	21	21	21
LUXEMBURGO	15	15	15	15	15	15	17
MALTA	18	18	18	18	18	18	18
MÉXICO	15	15	16	16	16	16	16
PAÍSES BAJOS	19	19	19	21	21	21	21
NUEVA ZELANDA	12,5	12,5	15	15	15	15	15
NORUEGA	25	25	25	25	25	25	25
PANAMA	5	7	7	7	7	7	-
POLONIA	22	22	23	23	23	23	23
PORTUGAL	21	20	21	23	23	23	23
RUMANIA	19	19	24	24	24	24	24
RUSIA	18	18	18	18	18	18	18
ESLOVENIA	20	20	20	20	20	22	22
SUDÁFRICA	14	14	14	14	14	14	14
ESPAÑA	16	18	18	21	21	21	21
SUECIA	25	25	25	25	25	25	25
SUIZA	7,6	7,6	8	8	8	8	8
REINO UNIDO	15	17,5	20	20	20	20	20
ESTADOS UNIDOS	-	-	-	-	-	-	-
Media UE	19,61	20,54	20,84	21,27	21,45	21,54	21,61
Media OCDE	17,64	18,26	18,58	18,88	19,03	19,17	19,15

FUENTE: KPMG's Corporate and Indirect Tax Rate Survey 2016, https://home.kpmg.com/xx/en/home/services/tax/tax-tools-and-resources/tax-rates-online/indirect-tax-rates-table.html Consultado el 16 de mayo de 2016.

En España, otro impuesto que puede afectar a las operaciones comerciales electrónicas es el Impuesto sobre Transmisiones Patrimoniales y Actos Jurídicos Documentados. Se trata de un tributo de naturaleza indirecta que grava las transmisiones patrimoniales onerosas, las operaciones societarias y los actos jurídicos documentados. Se trata de un impuesto cedido a las distintas Comunidades Autónomas. Los problemas que pueden surgir a la hora de aplicar el citado tributo pueden darse a la hora de determinar el lugar de la obtención de rentas, de la misma manera que ocurría en el IRPF. También puede resultar problemática la determinación del lugar de celebración de la transmisión patrimonial onerosa, ya que si se trata de un sujeto no residente en España pero que realiza la celebración del contrato en España, está sujeto al impuesto. En caso de que el sujeto pasivo sea una persona residente en España, pero celebre el contrato fuera del territorio español, no tendrá que hacer frente a dicho tributo.

Para resolver los problemas que surgen con los contratos celebrados por vía telemática se recurre a lo establecido en el Código de Comercio y en la Ley 34/2002, donde se determina que los contratos celebrados por vía electrónica en los que intervenga como parte un consumidor se presumirán celebrados en el lugar en que éste tenga su residencia habitual, mientras que los contratos electrónicos entre empresarios o profesionales, en defecto de pacto entre las partes, se presumirán celebrados en el lugar en que esté establecido el prestador de servicios. La prueba de la celebración de un contrato por vía electrónica y de las obligaciones que tienen su origen en él se sujetará a las reglas generales del ordenamientos jurídico y, en su caso, a lo establecido en la legislación sobre firma electrónica, siendo admisible en juicio como prueba documental el soporte electrónico en que conste un contrato celebrado por vía electrónica.

En el ámbito del comercio electrónico pueden surgir problemas a la hora de determinar cuándo se entiende realizado el acto o contrato gravado, en el momento en que el acto o contrato llega a manos del oferente, o en el momento en el que el aceptante lo emite. Para resolver el problema se atiende al artículo 1262 del Código Civil, el cual indica que los contratos celebrados mediante dispositivos automáticos hay consentimiento desde que se manifiesta la aceptación, hallándose en lugares distintos el que hizo la oferta y el que la aceptó, hay consentimiento desde que el oferente conoce la aceptación o desde que, habiéndosela remitido el aceptante, no puede ignorarla sin faltar a la buena fe.

Los impuestos especiales, tributos de naturaleza indirecta, que recaen sobre consumos específicos y gravan, en fase única, la fabricación, importación y, en su caso, introducción, en el ámbito territorial interno determinados bienes, así como la matriculación de determinados medios de transporte y el consumo de carbón, también pueden incidir, aunque de forma leve en determinadas operaciones comerciales de carácter electrónico. El conjunto de Impuestos Especiales está formado, en primer lugar, por los Impuestos Especiales armonizados por las disposiciones comunitarias, que son los denominados Impuestos Especiales de Fabricación, que gravan el consumo de hidrocarburos, alcohol y bebidas alcohólicas y labores del tabaco, por otro lado figuran los Impuestos Especiales de Medios de Transporte y sobre el Carbón, que se configuran como tributos no armonizados.

El comercio electrónico de los distintos productos sujetos a los Impuestos Especiales no plantean los mismos problemas que el resto de la imposición indirecta, puesto que en este caso las transacciones se prestan, necesariamente, en soporte material, razón por la cual son bienes que no pueden ser digitalizados y transmitidos a través de la red, no presentando dificultades a la hora de su calificación como entrega de bienes o prestaciones de servicios, esto es consecuencia de que los bienes objeto de los impuestos especiales pueden ser adquiridos a través del comercio electrónico indirecto, pero no vía comercio electrónico directo, normalmente, el que plantea un mayor número de dificultades, debido fundamentalmente a la naturaleza de los bienes sujetos a este tipo de tributos, que no pueden ser desprovistos de su correspondiente soporte físico. La incidencia del comercio electrónico indirecto será más notable en aquéllos que pueden ser objeto de pequeños envíos, lo que puede dar lugar a que surjan problemas de localización.

La incidencia del comercio electrónico en las transacciones exteriores, importaciones y exportaciones de estos productos realizadas entre empresas no plantea, a priori, problemas en la fiscalidad, ya que el producto necesariamente llegará a una Aduana, donde al valor en aduana se le aplicará los derechos del Arancel correspondientes y se adicionará el tipo del Impuesto Especial, quedando así configurada la base del IVA a la importación.

El tráfico intracomunitario de los productos sujetos a Impuestos Especiales puede efectuarse en régimen suspensivo o con impuesto especial pagado, pero exento de IVA intracomunitario, en cuyo caso una vez recibido el producto por el destinatario y teniendo constancia de la recepción, el expedidor puede solicitar la devolución del Impuesto Especial.

2.2.2. La obsolescencia de los conceptos tributarios

La fiscalidad de las transacciones comerciales electrónicas requiere de la adaptación de los sistemas tributarios actuales a la nueva realidad comercial. Ya que una vez estudiadas y analizadas las distintas propuestas de tributación del comercio electrónico, atendiendo de forma especial, a aquellas operaciones que se desarrollan de forma íntegra a través de la red de Internet, los expertos en materia tributaria, tanto de las organizaciones internacionales como de los distintos Estados, han optado por considerar que la manera más adecuada de hacer tributar al comercio electrónico es aplicar los impuestos vigentes y válidos para el comercio tradicional.

Si bien, es necesaria una adaptación de los actuales sistemas tributarios, especialmente de determinados conceptos tributarios. Ya que debido a las especiales características del comercio electrónico, principalmente la aparición de los bienes y servicios intangibles, así como el carácter internacional del mismo, los conceptos aplicados a las transacciones comerciales tradicionales presentan vacíos legales, pudiendo ocasionar una no aplicación de los principios de neutralidad y suficiencia, en el ámbito de la economía digital. Por ello, las autoridades fiscales, tanto internacionales como nacionales, han analizado las distintas posibilidades de adaptación, modificación o creación de nuevos conceptos tributarios que puedan ser de aplicación tanto para el comercio tradicional como para el comercio electrónico. Siempre, sin poner en riesgo el cumplimiento de los principios básicos de tributación.

En cualquier caso, dar solución a los problemas tributarios que plantea el comercio electrónico no es una tarea sencilla, ya que son múltiples las jurisdicciones implicadas, por lo que la solución a los posibles conflictos tributarios debe darse en un contexto internacional, estableciéndose para ello un mínimo de consenso. Si el consenso internacional no es posible, la modificación de forma unilateral de los sistemas tributarios de cada una de las jurisdicciones, no dará solución a las dificultades de aplicar los tributos vigentes a la nueva realidad comercial, pues el carácter internacional del comercio electrónico, así como las peculiaridades del mismo, permitirán que utilice las normas en su propio beneficio, buscando aquellos territorios que le reporten una menor carga tributaria.

La posibilidad de realizar transacciones comerciales de forma íntegra a través de la red de Internet dificulta el trabajo de las administraciones tributarias competentes, sin que éstas puedan determinar si realmente ha tenido lugar una operación comercial así como el valor de la misma. Es por ello, que en el marco de las transacciones comerciales internacionales del comercio electrónico directo las posibilidades de fraude y evasión fiscal aumentan. De forma, que las autoridades tributarias no pueden permanecer impasibles y han de buscar una adecuación de los distintos sistemas tributarios a la nueva forma de realizar transacciones comerciales, especialmente en aquellos conceptos que tienen una mayor relevancia en las transacciones comerciales electrónicas como son el concepto de residencia fiscal, de establecimiento permanente o en el ámbito de la fiscalidad indirecta, determinar si se trata de una entrega de bienes o una prestación de servicios.

2.2.2.1. La residencia fiscal

En el comercio electrónico es fundamental determinar la residencia fiscal de los sujetos que intervienen en la operación comercial, para conocer las obligaciones tributarias de los sujetos implicados, así como el Estado donde se ha de hacer frente a los tributos. Si cuando la transacción comercial se realiza, el lugar de residencia está claro, ninguno de los Estados implicados, si se trata de una operación de carácter internacional, verá reducidos sus ingresos tributarios por la misma.

La dificultad de aplicar la potestad tributaria a las operaciones comerciales que se desarrollan mediante comercio electrónico, se encuentra en la posibilidad de los que sujetos que intervienen en la transacción se encuentren establecidos en Estados diferentes. A esta, tenemos que añadir la dificultad de identificar a los sujetos que intervienen, debido a las posibilidades de anonimato que ofrece la red de Internet. Los problemas surgen, principalmente, por que los sistemas tributarios de los distintos países basan su poder tributario en su soberanía fiscal.

El concepto de soberanía fiscal puede ser entendido desde una doble perspectiva, en primer lugar, desde una perspectiva interna, donde la relación entre el Estado y su ciudadano –contribuyente– es la que debe someterse a examen, y en segundo lugar, desde una perspectiva externa, donde el problema se encuentra en el proceso de interrelación entre los diferentes Estados. Ya que cada Estado diseña y aplica su propia política tributaria, lo que les permite gravar hechos acontecidos en el extranjero, pero que de algún modo también se hallan ligados al Estado del que emanan las normas.

Los Estados pueden determinar su potestad tributaria en función de distintos criterios. Éstos, generalmente, se basan en la existencia de un vínculo personal o territorial, pero los mismos pueden variar o verse modificados en cada uno de los diferentes Estados. Los principios fundamentales que subyacen en la potestad tributaria de los Estados son dos, y cada Estado puede establecer el criterio de tributación en el mismo basándose en cualquiera de ellos:

- Principio de territorialidad o de la fuente, en este caso, se grava cualquier tipo de renta producida por cualquier sujeto dentro del territorio del Estado, ya sea nacional, residente o no residente.
- Principio de renta mundial, atendiendo a este, se gravan todas las rentas producidas por los residentes o nacionales, aunque se hayan obtenido en un Estado distinto.

La posibilidad de poder elegir entre estos dos principios es el motivo de que se originen problemas de doble imposición o de ausencia de la misma. Ya que un determinado sujeto pasivo, puede estar obligado a tributar en dos Estados diferentes, si cada estado aplica un principio distinto, por estar sujeto en uno de ellos al principio de territorialidad y en el otro al principio de renta mundial.

Es por ello, que el Modelo de Convenido de la OCDE tiene un papel muy importante, ya que establece las pautas de comportamiento que luego son aplicadas en los convenios bilaterales firmados por los Estados. El concepto de residente, establecido por la OCDE, en su Modelo de Convenido, en el artículo 4, establece lo siguiente:

> *"... toda persona que, en virtud de la legislación de ese Estado, esté sujeta a imposición en el mismo por razón de domicilio, residencia, sede de dirección o cualquier otro criterio de naturaleza análoga, incluyendo también a ese Estado y sus subdivisiones políticas o entidades locales. Esta expresión no incluye, sin embargo, a las personas que estén sujetas a imposición en ese Estado exclusivamente por las rentas que obtengan de fuentes situadas en el citado Estado o por el patrimonio situado en el mismo".*

En el ámbito del comercio electrónico, como ya hemos señalado, la aplicación del concepto de residencia fiscal es mucho más compleja de llevar a la práctica que en el comercio tradicional. Principalmente, cuando se trata de personas jurídicas, ya que en la actividad comercial electrónica los tradicionales lazos territoriales entre una actividad productora de renta y una específica localización quiebran. Aun conociendo que cualquier hecho con trascendencia tributaria, ya sea material o digital, está situada en una jurisdicción determinada, no en una realidad inmaterial.

La figura del vendedor o del prestador de servicios es aquella que muestra mayores dificultades a la hora de determinar su localización en el ámbito del comercio electrónico, por lo que es fundamental determinar el lugar de residencia del mismo. Ya que, si se sigue el Modelo de Convenio de la OCDE, y se establece como criterio para establecer el lugar de residencia el lugar donde se encuentre la sede de dirección efectiva, nos encontramos con problemas derivados de la aplicación de las nuevas tecnologías a las reuniones del Consejo Social, al no ser necesaria la presencia física de todos los miembros del consejo en un lugar determinado, ya que lo pueden llevar a cabo mediante videoconferencia. Por tanto, parece más adecuado que la sede de dirección efectiva quede establecida en el lugar donde la actividad empresarial se ejercita de manera efectiva, pudiendo diferir del lugar en el que la sociedad hubiese fijado su domicilio social. De este modo, resulta irrelevante si la sociedad se constituyó en el extranjero, con tal que la sede de la dirección efectiva se localice en el territorio del Estado. Es por ello, que el Modelo de Convenio de la OCDE establece en el párrafo 24 de los comentarios al artículo que:

> *"La sede de dirección efectiva será el lugar donde se adoptan sustancialmente las decisiones comerciales y de gestión claves para dirigir la actividad económica de la entidad. La sede de dirección efectiva será normalmente el lugar donde toma sus decisiones la persona o grupo de personas de mayor jerarquía dentro de la entidad, el lugar donde se determinan las estrategias de la empresa en su conjunto; sin embargo, no puede darse una regla específica al respecto y para determinar la sede de dirección efectiva habrán de ser examinados todos los hechos y circunstancias relevantes".*

Ante la ineficacia del concepto de sede de dirección efectiva, la OCDE (2001) ha intentado buscar soluciones, para ello constituyó un grupo de trabajo, que tuvo como resultado, un documento titulado "*El impacto de la Revolución de las Comunicaciones en la Aplicación de la "sede de dirección efectiva*". En este trabajo se analizan cuatro posibles alternativas para fijar una regla definitiva que permita resolver sin problemas los conflictos de doble residencia. Las alternativas son:

- Sustituir el concepto de sede de dirección efectiva
- Mejorar el criterio de sede de dirección efectiva

- Establecer una jerarquía en los criterios
- Una combinación de las opciones B y C anteriores

Las opciones planteadas ante una posible sustitución del concepto de sede de dirección efectiva son tres:

- Lugar de constitución, este criterio ha sido rechazado por la OCDE por el párrafo 22 de los comentarios al artículo 4 del Modelo de Convenio. Las razones se encuentran en el hecho de que crear una empresa en una determinada jurisdicción es sencillo, incluso se puede hacer, en algunos casos, de manera electrónica. Pero las empresas pueden crear o constituirse en el País A, y operar en el País B, e incluso País C. Si este concepto se aplicase a las personas físicas, sería lo mismo que decir que el lugar de nacimiento es siempre el lugar de residencia.
- Lugar de residencia de directivos o accionistas, pero estos no tienen por qué residir en la misma jurisdicción, y pueden ser tanto personas físicas como jurídicas, lo que puede dar lugar a situaciones muy dispares.
- Donde el nexo económico es más fuerte, parece lógico que la empresa tenga que hacer frente a imposición en aquella jurisdicción donde haga uso de las infraestructuras públicas, pero esta situación se puede repetir en más de un Estado, por lo que se tendría que determinar qué País es en el que radica el mayor nexo económico de la empresa.

La segunda opción, por parte de la OCDE, es mejorar el criterio de la sede de dirección efectiva, proponiendo dos opciones:

- En base al factor o factores determinantes, donde se toman las decisiones o acciones más importantes.
- Otorgar un peso determinado a varios factores, ya que un solo factor no es determinante a la hora de determinar el

lugar donde radica la sede de dirección efectiva. Ya que como establece la OCDE en el párrafo 24 a los comentarios del artículo 4, para determinar la sede de dirección efectiva habrán de ser examinados todos los hechos y circunstancias que concurran en cada caso. Otros factores a considerar pueden ser:

- Ubicación y funciones desarrolladas en la oficina principal.
- Información sobre la central de gestión y control de la empresa, que se encuentra en los documentos de formación de la empresa.
- Lugar de constitución.
- Importancia relativa de las funciones desarrolladas en cada uno de los Estados.
- Donde la mayoría de los directivos residen.

Establecer una jerarquía en los criterios, es la tercera opción propuesta por la OCDE, ya que en el artículo 4 párrafo 2 del MCOCDE se establece una jerarquía para las personas físicas. La propuesta sería realizar algo similar para las empresas. La posible estructura podría ser:

- Sede de dirección efectiva
- Lugar de constitución
- Nexos económicos
- Acuerdo mutuo

La última opción, combinar la segunda opción, mejorar el criterio de la sede de dirección efectiva, y la tercera opción, establecer una jerarquía en los criterios, puede ser una buena alternativa, ya que algunos criterios de forma aislada, pueden resultar complejos en la práctica. Sin embargo, la combinación de distintos criterios puede llevarnos a la solución más adecuada.

La OCDE sigue trabajando sobre el concepto de sede de dirección efectiva y en junio de 2003, publica un nuevo documento titulado "*El concepto de Dirección Efectiva: Sugerencias para los cambios en el Modelo de Convenio Fiscal de la OCDE*". El documento se decanta por la segunda y tercera opción, la primera de ellas pretende mejorar el concepto de sede de dirección efectiva, para lo cual consideran adecuado introducir cambios en el párrafo 24 de los Comentarios al artículo 4, quedando de la siguiente forma:

> *"3. Cuando en virtud de las disposiciones del apartado 1, una persona que no sea una persona física, sea residente en ambos Estados contratantes, su situación se determinará de la manera siguiente:*
>
> *Será considerada residente solamente del Estado donde tenga su sede de dirección efectiva;*
>
> *Si no pudiera determinarse el Estado en el que dicha persona tiene su sede de dirección efectiva o si su sede de dirección efectiva no estuviera en ningún Estado, se considerará residente solamente del Estado [OPCIÓN A: con el que sus relaciones económicas son más estrechas] [OPCIÓN B: en el que se desarrollan principalmente sus actividades económicas] [OPCIÓN C: en el que se tomen sus decisiones ejecutivas importantes];*
>
> *Si no pudiera determinarse el Estado [con el que sus relaciones económicas son más estrechas] [en el que se desarrollan principalmente sus actividades económicas] [en el que se tomen sus decisiones ejecutivas importantes] se considerará residente del Estado de cuyas leyes se derive su estatus jurídico.*
>
> *Si su estatus jurídico se deriva de ambos Estados, o de ninguno de ellos, las autoridades competentes de los Estados contratantes resolverían el caso de común acuerdo".*

Los párrafos del 21 al 24 de los comentarios al artículo 4, también proponen que sean modificados, quedando de la siguiente forma:

> *"21. Este párrafo concierne tanto a personas físicas como jurídicas. Puede ser extraño para una empresa ser sujeto de los tributos en dos Estados diferentes, pero, por supuesto es posible, por ejemplo, cuando un Estado aplica el criterio de constitución y el otro Estado implicado el de sede de dirección efectiva. Así, que, en estos casos, se tienen que establecer preferencias entre las reglas establecidas.*
>
> *22. Para resolver tales conflictos de residencia, se han establecido unas reglas que dan preferencia a la relación con un Estado, sobre la relación con otro Estado. Como para las personas físicas, los hechos a los que se aplicarán las reglas serán aquellos que se produzcan durante el periodo en el que la residencia del contribuyente afecta a su sujeción a imposición, que puede ser de duración inferior al periodo impositivo.*
>
> *23. El párrafo primero da preferencia al Estado contratante en el que esté situada "la sede de dirección efectiva" de una entidad. Una entidad puede tener más de una sede de dirección, pero sólo puede tener una sede de dirección efectiva en cualquier momento.*
>
> *24. La sede de dirección efectiva es un lugar donde se adoptan sustancialmente las decisiones comerciales y de gestión claves para dirigir la actividad económica de la entidad, es decir, el lugar donde, de hecho, se determinan las estrategias de la empresa en su conjunto. Para determinar la sede de dirección efectiva habrían de ser examinados todos los hechos y circunstancias relevantes.*
>
> *24.1 La sede de dirección efectiva es normalmente el lugar donde toman sus decisiones la persona o grupo de personas de mayor jerarquía dentro de la entidad (por ejemplo, el consejo de administración), que normalmente corresponde al lugar donde se reúnen. Hay casos, sin embargo, en que las decisiones comerciales y de gestión claves para dirigir la actividad económica de la entidad son sustancialmente tomadas en un lugar por una persona o grupo de personas, pero son finalmente formalizadas en alguna otra parte por ellas o por otra persona o grupo de personas. En*

tales casos, será necesario considerar otros factores. Dependiendo de las circunstancias, esos otros factores podrían incluir:

Cuando el Consejo de Administración formalmente ultime las decisiones comerciales y de gestión claves para dirigir la actividad económica de la entidad en reuniones celebradas en un Estado, pero esas decisiones son en sustancia tomadas en otro Estado, la sede de dirección efectiva estará en ese otro Estado.

Si hay una persona, como un titular de participaciones de control (por ejemplo, una sociedad matriz o empresas asociadas), que efectivamente toma las decisiones comerciales y de gestión claves para dirigir la actividad económica de la entidad, la sede de dirección efectiva estará donde esa persona tome esas decisiones clave. Si ese fuera el caso, no obstante, las decisiones clave tomadas por esa persona deben ir más allá de decisiones relacionadas con la dirección normal y formulación de la política de las actividades de un grupo (por ejemplo, el tipo de decisiones que una empresa matriz de un grupo multinacional podría esperarse que tomara en relación con la dirección, coordinación y supervisión de las actividades de cada parte del grupo).

Cuando el Consejo de Administración habitualmente apruebe las decisiones comerciales y estratégicas tomadas por los jefes ejecutivos, el lugar donde los jefes ejecutivos desempeñan sus funciones sería importante para determinar la sede de dirección efectiva de la entidad. Distinguiendo entre el lugar donde una decisión es tomada como opuesto a donde es simplemente aprobada, debe tenerse en cuenta el lugar donde se consideraron los informes sobre recomendaciones y opciones relacionados con las decisiones y donde finalmente las decisiones fueron desarrolladas.

[OPCIÓN A: 24.2 En algunos casos raros puede ser imposible tomar una clara determinación del Estado en el que se encuentra la sede de dirección efectiva de una entidad o los hechos pueden indicar que no se encuentra en ninguno de los Estados contratantes. Por ejemplo, puede ser que el grupo de personas de mayor jerarquía responsable de tomar las decisiones clave para la entidad, habitualmente se reúna en diferentes lugares de modo que las decisiones no son principalmente tomadas en cualquier Estado dado. Además, ese grupo puede llevar a cabo sus

reuniones a través de las modernas tecnologías de comunicación de tal forma que es imposible identificar el Estado concreto en el que las decisiones son tomadas. En esos casos el subpárrafo b) da preferencia al Estado con el que las relaciones económicas de la entidad son más estrechas. La preferencia por el Estado con el que las relaciones económicas de la entidad son más estrechas está basada en la conclusión de que, en tales casos, la entidad debe ser considerada residente del Estado contratante en el que se está haciendo mayor uso de los recursos económicos, así como de las infraestructuras jurídicas, financieras, físicas y sociales. La aplicación de este criterio implicará examinar varios factores, como en qué Estado la entidad tiene la mayoría de sus empleados y activos, desarrolla la mayoría de sus actividades, obtiene la mayoría de sus rendimientos, tiene su oficina principal, lleva a cabo la mayoría de sus funciones de administración superior o de qué Estado deriva su estatus jurídico. Si un examen de esos y otros factores relevantes en conjunto muestra claramente que la entidad está más relacionada económicamente con un Estado que con el otro, entonces se considerará residente sólo de ese Estado].

[OPCIÓN B: 24.2 En algunos casos raros puede ser imposible tomar una clara determinación del Estado en el que se encuentra la sede de dirección efectiva de una entidad o los hechos pueden indicar que no se encuentra en ninguno de los Estados contratantes. Por ejemplo, puede ser que el grupo de personas de mayor jerarquía responsable de tomar las decisiones clave para la entidad habitualmente se reúna en diferentes lugares de modo que las decisiones no son principalmente tomadas en cualquier Estado dado. Además, ese grupo puede llevar a cabo sus reuniones a través de las modernas tecnologías de comunicación de tal forma que es imposible identificar el Estado concreto en el que las decisiones son tomadas. En esos casos el subpárrafo b) da preferencia al Estado en el que se desarrollan principalmente sus actividades económicas. Esto requerirá determinar, sobre la base de un análisis funcional de las actividades desarrolladas por la entidad en los dos Estados contratantes, en cuál de estos dos Estados las funciones desarrolladas por la entidad son claramente más importantes].

[OPCIÓN C: 24.2 En algunos casos raros puede ser imposible tomar una clara determinación del Estado en el que se encuentra la sede de dirección efectiva de una entidad o los hechos pueden indicar que no se encuentra en ninguno de los Estados contratantes. Por ejemplo, puede ser que el grupo de personas de mayor jerarquía responsable de tomar las decisiones clave para la entidad habitualmente se reúna en diferentes lugares de modo que las decisiones no son principalmente tomadas en cualquier Estado dado. Además, ese grupo puede llevar a cabo sus reuniones a través de las modernas tecnologías de comunicación de tal forma que es imposible identificar el Estado concreto en el que las decisiones son tomadas. En esos casos el subpárrafo b) da preferencia al Estado en el que principalmente se toman sus decisiones ejecutivas importantes. Esto requerirá determinar desde que país se toman la clara mayoría de las decisiones ejecutivas importantes (por ejemplo, las decisiones de los jefes ejecutivos como el presidente, vicepresidentes, tesorero,...). Este será normalmente el Estado en el que se localiza la oficina principal de la entidad, en la medida en que se localice principalmente en un Estado. Para ese fin, la oficina principal estaría donde uno espera encontrar a los jefes ejecutivos al cargo de los negocios de la entidad. En algunos Estados, las leyes aplicables a una entidad que obtiene su estatus jurídico de las leyes del Estado, requieren que la Oficina principal de la entidad se mantenga en ese Estado].

24.3 Cuando, en la situación a la que hace referencia el subpárrafo b), el Estado [con el que sus relaciones económicas son más estrechas] [en el que se desarrollan principalmente sus actividades económicas] [en el que principalmente se toman sus decisiones ejecutivas importantes], no pueda ser determinado, la entidad se considerará residente del Estado de cuyas leyes se derive su estatus jurídico. Éste será normalmente el Estado bajo cuyas leyes la entidad se ha establecido, pero puede ser también, por ejemplo, un Estado en el que una compañía ha continuado (cuando esto se permita por la ley de sociedades pertinente).

24.4 Si la aplicación de ese último criterio revela que el estatus de la entidad se deriva de las leyes de ambos Estados o de ninguno de ellos, o si no puede determinarse (debido a la incertidumbre

> *legal u objetiva) de las leyes de qué Estado se deriva su estatus jurídico, las autoridades competentes de los Estados contratantes deberán resolver el caso de común acuerdo. Como la práctica seguida mucho tiempo en la aplicación del párrafo 2 (la regla aplicable a las personas físicas) ha mostrado, las autoridades competentes pueden por tanto abordar un caso cuando una entidad es residente de los dos Estados contratantes examinando cada uno de los subpárrafos del párrafo 3. Siguiendo el párrafo 3 del artículo 25, ellos harán eso para resolver cualquier duda sobre la interpretación o aplicación de los subpárrafos a) al c); si ellos concluyen entonces que los subpárrafos no resuelven el caso, alcanzarán una decisión sobre la residencia de la entidad para los propósitos del convenido siguiendo el subpárrafo d)."*

Además del criterio de la sede de dirección efectiva, en el comercio electrónico se puede atender a otros criterios, pero estos son menos fiables que el mencionado. Por ejemplo, para determinar el lugar de residencia las Administraciones tributarias pueden guiarse por el criterio del lugar indicado en la página Web como residencia de la entidad proveedora. Pero este criterio no es fiable, la dirección facilitada en la Web puede ser fácilmente manipulable por aquellas entidades que lo sitúen en el país en el que el Convenio de doble imposición que resulte aplicable limite en mayor medida la potestad tributaria del Estado fuente.

Esta situación puede provocar una migración de empresas tradicionales a empresas que operan a través de Internet, ya que es más fácil tener en el interior de un Estado la sede de dirección efectiva, sin que la Administración tributaria esté en condiciones de constatarlo. Además, esta realidad se ve acentuada por la falta de control sobre Internet y el fácil anonimato de los sujetos que intervienen. Si todos los sujetos que intervienen en una transacción comercial residen en un mismo Estado, no se da ningún tipo de problema tributario, puesto que es de aplicación la normativa general correspondiente a dicho Estado, tanto en la imposición directa como en la indirecta. Esta situación no suele ser habitual en las operaciones realizadas a través de comercio electrónico, razón por la cual surgen problemas, ya que los individuos que intervienen tienen su residencia fiscal en Estados diferentes.

En cualquier caso, alcanzar una definición de residencia fiscal conveniente y adaptada a las implicaciones del comercio electrónico es determinante, a la hora de determinar la soberanía fiscal de los distintos Estados. Ya que las nuevas oportunidades que ofrecen las tecnologías de la información y la comunicación al desarrollo de actividades comerciales a través de la red, pueden complicar más el concepto tradicional de residencia.

2.2.2.2. El Establecimiento permanente

El concepto de establecimiento permanente tiene como objetivo que una empresa determinada, creada y residente de un Estado determinado, que realiza operaciones económicas en otro Estado, tribute en cada uno de ellos atendiendo a la actividad económica generada en cada territorio. Si bien, las distintas jurisdicciones establecen el concepto de establecimiento permanente de forma unilateral en sus respectivas normas tributarias, por ello, al igual que ocurre con el concepto de residencia fiscal, pueden producirse situaciones de doble tributación o de ausencia de la misma. Esta situación ocurre en el comercio tradicional, pero la misma se agrava con el comercio electrónico, pues debido a las especiales características del mismo es más complicado determinar qué es en el ámbito de las operaciones comerciales electrónicas un establecimiento permanente.

Al igual que ocurre con el concepto de residencia fiscal es la OCDE la que marca las pautas, a través del Modelo de Convenido, en su artículo 5, para determinar el concepto tributario de establecimiento permanente. Aunque los Estados no están obligados a adoptar el mismo. Así, la OCDE lo define de la siguiente manera:

> *"Artículo 5.º Establecimiento permanente.*
>
> *1. A efectos del presente Convenio, la expresión "establecimiento permanente", significa un lugar fijo de negocios mediante el cual una empresa realiza toda o parte de su actividad.*
>
> *2. La expresión "establecimiento permanente" comprende, en especial:*
>
> *- Las sedes de dirección;*
>
> *- Las sucursales;*
>
> *- Las oficinas;*
>
> *- Las fábricas;*
>
> *- Los talleres;*
>
> *- Las minas, los pozos de petróleo o de gas, las canteras o cualquier otro lugar de extracción de recursos naturales.*
>
> *3. Una obra de construcción, instalación o montaje sólo constituye establecimiento permanente si su duración excede de 12 meses.*
>
> *No obstante, las disposiciones anteriores de este artículo, se considera que la expresión "establecimiento permanente" no incluye:*
>
> *- La utilización de instalaciones con el único fin de almacenar, exponer o entregar bienes o mercancías pertenecientes a la empresa.*
>
> *- El mantenimiento de un depósito de bienes o mercancías pertenecientes a la empresa con el único fin de almacenarlas, exponerlas o entregarlas.*
>
> *- El mantenimiento de un depósito de bienes o mercancías pertenecientes a la empresa con el único fin de que sean transformadas por otra empresa.*
>
> *- El mantenimiento de un lugar fijo de negocios con el único fin de comprar bienes o mercancías, o de recoger información, para la empresa.*
>
> *- El mantenimiento de un lugar fijo de negocios con el único fin de realizar para la empresa cualquier otra actividad de carácter auxiliar o preparatorio.*

- El mantenimiento de un lugar fijo de negocios con el único fin de realizar cualquier combinación de las actividades mencionadas en los subapartados a) a e), a condición de que el conjunto de la actividad del lugar fijo de negocios que resulte de esa combinación conserve su carácter auxiliar o preparatorio.

5. No obstante lo dispuesto en los apartados 1 y 2 cuando una persona, distinta de un agente independiente al que será aplicable el apartado 6, actúe por cuenta de una empresa y ostente y ejerza habitualmente en un Estado contratante poderes que la faculten para concluir contratos en nombre de la empresa, se considerará que esa empresa tiene un establecimiento permanente en ese Estado respecto de las actividades que dicha persona realice para la empresa, a menos que las actividades de esa persona se limiten a las mencionadas en el apartado 4 y que, de haber sido realizadas por medio de un lugar fijo de negocios, no hubieran determinado la consideración de dicho lugar fijo de negocios como un establecimiento permanente de acuerdo con las disposiciones de ese apartado.

6. No se considera que una empresa tiene un establecimiento permanente en un Estado contratante por el mero hecho de que realice sus actividades en ese Estado por medio de un corredor, un comisionista general o cualquier otro agente independiente, siempre que dichas personas actúen dentro del marco ordinario de su actividad.

7. El hecho de que una sociedad residente de un Estado contratante controle o sea controlada por una sociedad residente del otro Estado contratante, o que realice actividades empresariales en ese otro Estado (ya sea por medio de establecimiento permanente o de otra manera), no convierte por sí solo a cualquiera de estas sociedades en establecimiento permanente de la otra".

De la lectura del concepto de establecimiento permanente podemos identificar tres modalidades distintas del mismo:

- Establecimiento permanente básico, requiere de la existencia de un lugar fijo desde el que desarrollar la actividad económica.

- Establecimiento permanente de construcción, teniendo en cuenta el tiempo.
- Establecimiento permanente por agente.

Si se atiende a las peculiaridades del comercio electrónico, los dos posibles tipos de establecimiento permanente que hay que tener en cuenta son: el establecimiento permanente básico y el establecimiento permanente por agente. La cuestión principal se encuentra en determinar si estos conceptos, válidos para el comercio tradicional, son también aplicables al comercio electrónico, o por el contrario es necesario redactar un nuevo concepto de establecimiento permanente.

Al igual que las organizaciones internacionales y los Estados han considerado que la forma más adecuada de gravar las operaciones comerciales electrónicas es aplicar los tributos vigentes al comercio electrónico, en lo que al concepto de establecimiento permanente se refiere la OCDE en diciembre del año 2000 decidió modificar los comentarios al artículo 5 del Modelo de Convenio, donde se define el concepto de establecimiento permanente, para adaptarlos al comercio electrónico. La modificación da lugar a distinguir, entre el equipo informático o servidor y la página Web.

En el comercio electrónico, por tanto, los dos elementos que pueden constituir un establecimiento permanente básico son: el servidor y la página Web. Si bien, es necesario analizar las características de los mismos, así como otras circunstancias –presencia de personal, funciones desarrolladas por el personal y naturaleza de las actividades desarrolladas– para determinar, si finalmente constituyen o no, un establecimiento permanente. Sin olvidarnos de la figura del Proveedor de Servicios de Internet (ISP), ya que el mismo podría dar lugar a un establecimiento permanente por agente.

Figura 9: El concepto de establecimiento permanente.

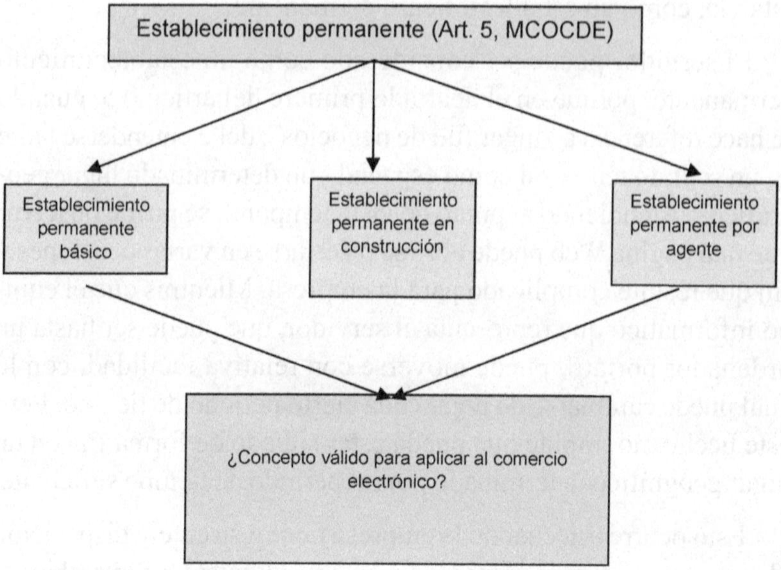

FUENTE: Elaboración propia.

Si se atiende al criterio establecido por la OCDE, una página Web, no constituye un establecimiento permanente, al tratarse de una combinación de software y datos electrónicos, que no constituyen por si mismos una realidad tangible. Por el contrario, el servidor en el cual se encuentran almacenados los datos anteriormente mencionados y a través del cual se tiene acceso a los mismos, si puede ser considerado como un establecimiento permanente.

El documento de la OCDE "*Clarification on the Application of the Permanent Establishment Definition in E-Commerce: Changes to the Commentary on the Model Tax Convention on Article 5*", descarta también, la posibilidad de que la página Web pueda ser considerada como un establecimiento permanente a través de la aplicación del concepto de agente dependiente. Ya que la página Web no es, en sí misma, una "persona", tal y como esta es definida en el artículo 3, por tanto, no puede ser considerada tampoco, por esta vía, como un establecimiento permanente.

El servidor puede ser considerado como un establecimiento permanente, porque en el apartado primero del artículo 5, cuando se hace referencia a "lugar fijo de negocios", debe entenderse tanto en un sentido temporal como espacial –un determinado lugar geográfico–. Atendiendo al punto de vista temporal, se puede observar que una página Web puede abrirse o cerrarse en varias ocasiones y sin que resulte complicado para la empresa. Mientras que el equipo informático que representa el servidor, que puede ser hasta un ordenador portátil, puede moverse con relativa facilidad, con lo cual puede cambiarse de lugar cada cierto periodo de tiempo. Pero este hecho, no impide que pueda estar situado de forma fija en un lugar geográfico determinado por un periodo de tiempo suficiente.

Esto ocurre así, cuando la empresa tiene a su entera disposición el servidor, ya sea en propiedad o en arrendamiento. Sin embargo, el mero alojamiento en un proveedor de servicios de Internet, no se considera establecimiento permanente. Tampoco puede considerarse que la empresa proveedora de servicios de Internet constituya un agente dependiente de la misma, y por tanto un establecimiento permanente, puesto que el proveedor no tiene autoridad ninguna para concluir contratos en nombre de la empresa a la cual le almacena su página Web.

Un proveedor de servicios o un centro servidor no podrían determinarse como un establecimiento permanente, ya que no tienen capacidad de decisión ni posibilidad de concluir negocios de la empresa. Sólo prestan sus servicios o transmiten información, no son agentes dependientes. Esta figura en el comercio electrónico no es muy utilizada, dado el alto grado de desintermediación que se da en el mismo, con lo cual, tampoco puede ser utilizada para determinar la existencia de un establecimiento permanente.

Además, hay que tener en cuenta, para determinar la existencia de un establecimiento permanente, si es necesaria la intervención humana, así como si las actividades realizadas en el establecimiento permanente son auxiliares o preparatorias. En el caso de la presencia humana, la OCDE considera que es necesaria para poder hacer referencia a un establecimiento permanente. Si bien, en el ámbito del comercio electrónico podemos dar un paso más y preguntarnos, si la presencia humana tiene que estar allí dónde se ubique el servidor o este puede estar siendo manejado desde un territorio distinto. La OCDE concluye diciendo que la presencia de personal no es necesaria para considerar que la empresa realiza toda o parte de su actividad en otro Estado, cuando no sea necesaria la intervención humana para llevarla a cabo. Este sería el caso, por ejemplo, de equipos de bombeo automáticos para la explotación de recursos naturales, o de comercio electrónico directo. Lo que sí parece necesario es que debe existir entre las personas que realizan la actividad y la empresa una relación laboral, o bien deben recibir instrucciones de la empresa.

En relación con la existencia de un establecimiento permanente, atendiendo a las actividades auxiliares y preparatorias la OCDE, en el apartado 4 del artículo 5, concepto de establecimiento permanente, realiza una serie de exclusiones cuando se trata de meros lugares de almacenaje o exposición para la empresa. Por tanto, si el uso de Internet por parte de la empresa no residente es meramente de carácter auxiliar, la empresa no residente no será sometida a imposición en el Estado. Sería el caso, de empresas que poseen una página Web con la única función de dar publicidad a los bienes y servicios que ofertan, siendo su actividad principal otra muy distinta. Sin embargo, cuando la red es utilizada para ofrecer sus productos, dar a conocer las características de los mismos,... pero también a través de la misma página podemos realizar la compra y el pago, estaremos hablando de un establecimiento permanente.

En el análisis del concepto de establecimiento permanente no podemos obviar la importancia que tiene la calificación de los beneficios que obtienes a través del mismo, ya que en función de la calificación de los mismos tributarán de forma distinta –calificación de las rentas obtenidas–, así como puede variar el lugar de tributación.

2.2.2.3. La calificación de las rentas obtenidas

Las operaciones comerciales electrónicas, al dar lugar a transacciones donde intervienen tanto bienes tangibles como intangibles, pueden dar lugar a problemas a la hora de determinar la calificación de las rentas obtenidas en la transacción comercial. Ya que las mismas pueden ser calificadas como beneficios empresariales o como cánones. Lógicamente, el mayor número de dificultades en la calificación de las operaciones se presenta en el ámbito del comercio electrónico directo.

Una vez más es la OCDE, la que establece las pautas para determinar si se trata de beneficios empresariales o de cánones, para ello es necesario recurrir al artículo 7 del Modelo de Convenio.

> *"Artículo 7.º Beneficios empresariales.*
>
> *1. Los beneficios de una empresa de un Estado contratante solamente pueden someterse a imposición en ese Estado, a no ser que la empresa realice su actividad en el otro Estado contratante por medio de un establecimiento permanente situado en él. Si la empresa realiza su actividad de dicha manera, los beneficios de la empresa pueden someterse a imposición en el otro Estado, pero sólo en la medida en que sean imputables a ese establecimiento permanente.*
>
> *2. Sin perjuicio de las disposiciones del apartado 3, cuando una empresa de un Estado contratante realice su actividad en el otro Estado contratante por medio de un establecimiento permanente situado en él, en cada Estado contratante se atribuirán a dicho*

establecimiento permanente los beneficios que el mismo hubiera podido obtener si fuera una empresa distinta y separada que realizase actividades idénticas o similares, en las mismas o análogas condiciones y tratase con total independencia con la empresa de la que es establecimiento permanente.

3. Para la determinación del beneficio del establecimiento permanente se permitirá la deducción de los gastos realizados para los fines del establecimiento permanente, incluyéndose los gastos de dirección y generales de administración para los mismos fines, tanto si se efectúan en el Estado en que se encuentra el establecimiento permanente como en otra parte.

4. Mientras sea usual en un Estado contratante determinar los beneficios imputables a un establecimiento permanente sobre la base de un reparto de los beneficios totales de la empresa entre sus diversas partes, lo establecido en el apartado 2 no impedirá que ese Estado contratante determine de esta manera los beneficios imponibles; sin embargo, el método de reparto adoptado habrá de ser tal que el resultado obtenido sea conforme a los principios contenidos en este artículo.

5. No se atribuirán beneficios a un establecimiento permanente por la simple compra de bienes o mercancías para la empresa.

6. A efectos de los apartados anteriores, los beneficios imputables al establecimiento permanente se calcularán cada año utilizando el mismo método, a no ser que existan otros motivos válidos y suficientes para proceder de otra forma.

7. Cuando los beneficios comprendan rentas reguladas separadamente en otros artículos de este Convenio, las disposiciones de dichos artículos quedarán afectadas por las del presente artículo".

La lectura del artículo 7 del Modelo de Convenio de la OCDE nos lleva a la conclusión de que las rentas obtenidas a través del comercio electrónico serán calificadas como beneficios empresariales. Sin embargo, la lectura del punto 7, posibilita que determinadas rentas sean calificadas como cánones. Éstos se encuentran regulados en el artículo 12.2 del Modelo de Convenido de la OCDE, dónde determina que los cánones serán las cantidades pagadas por el uso, la concesión de uso, de derechos de autor sobre obras literarias, artísticas o científicas incluidas las películas cinematográficas, patentes, marcas de fábrica o comercio, dibujos o modelos, planos, fórmulas o procedimientos secretos, o por informaciones relativas a experiencias industriales, comerciales o científicas

Atendiendo a la definición de cánones podemos pensar que gran parte de los bienes digitales que se comercian a través de la red de Internet, cumplen con lo establecido para que las rentas obtenidas por su venta sean calificadas como cánones. Y una no adecuada tributación de las mismas puede ocasionar pérdidas relevantes en los erarios públicos. Por ello, la OCDE sugiere que se realicen cambios en el Modelo de Convenio, añadiendo apartados al artículo 12. El mismo, quedaría configurado de la siguiente manera:

> *"Artículo 12:17.1 Los principios expresados anteriormente en cuanto al pago de software son también aplicables a las transacciones relativas a otros tipos de productos digitales tales como imágenes, sonidos o texto. El desarrollo del comercio electrónico ha multiplicado el número de tales transacciones. Y al decidir si los pagos derivados de estas transacciones constituyen regalías o no, la principal cuestión que se aborda es la identificación del motivo del pago.*
>
> *17.2 Las transacciones que permiten al cliente descargar electrónicamente los productos digitales pueden dar lugar a la utilización de los derechos de autor por el cliente, por ejemplo, el derecho de hacer una o más copias de los contenidos digitales. Cuando el elemento esencial no sea para el uso de, o derecho de uso, los derechos de autor se limitan a habilitar la descarga, almacenamiento y servicio en el ordenador del cliente, estos usos de los derechos de autor deben ser ignorados en el análisis del motivo del pago a los fines de aplicar la definición de "regalías".*
>
> *17.3 Este es el caso de las operaciones que permiten al cliente (que puede ser una empresa) la transferencia electrónica de productos digitales (tales como software, imágenes, sonidos o textos)*

para su propio uso o el disfrute del cliente. En estas transacciones, el pago se realiza para adquirir datos transmitidos en forma de una señal digital para uso propio del adquirente o el disfrute. Esto constituye el motivo esencial para el pago, que no constituye pues un canon, ya que recae en el artículo 7. En la medida en que el acto de copiar los datos digitales en el disco duro del cliente o de otros medios de comunicación no temporal constituye el uso de los derechos de autor por el cliente en virtud de la legislación pertinente y los acuerdos contractuales. Tampoco habría ningún fundamento para clasificar las operaciones como regalías si, en virtud de la legislación pertinente y los acuerdos contractuales, la creación de una copia es considerado como un uso del derecho de autor por el proveedor en lugar de por el cliente.

17.4 Por el contrario, las transacciones donde el elemento esencial para el pago es la concesión del derecho de uso, de un derecho de autor en un producto digital que es descargado electrónicamente, a tal efecto dará lugar a una compensación. Este sería el caso, por ejemplo, de un editor de libros que pagaría para adquirir el derecho de reproducir una imagen con derechos de autor que electrónicamente se descarga para su inclusión en la portada de un libro que está produciendo. En esta transacción, lo esencial para el pago es la adquisición de derechos de uso, es decir, el derecho de reproducir y distribuir la imagen, y no sólo para la adquisición".

En cualquier caso, los autores y propietarios de los derechos de autor solicitan un mayor control por parte de las autoridades competentes, con el fin de no ver mermados sus ingresos como consecuencia del aumento de intercambios de éstos bienes a través de Internet. El problema de la tributación de los derechos de autor no es nuevo, ya que siempre ha existido el intercambio gratuito entre particulares, pero éste se ha intensificado con la aparición de la nueva economía. Es por ello, que tratan de promover distintas leyes sobre los derechos de autor con el fin de tener una garantía de que su trabajo va a ser recompensado.

A los problemas ya señalados hay que unir que el Modelo de Convenio de la OCDE determina que los cánones procedentes de un Estado contratante y cuyo beneficiario efectivo es un residente del otro Estado contratante sólo pueden someterse a imposición en ese otro Estado. Es decir, se reconoce el derecho exclusivo de gravamen al Estado de residencia del beneficiario, siempre que sea el beneficiario efectivo de los cánones.

2.2.2.4. Los precios de transferencia

La problemática de los precios de transferencia radica en la valoración de los bienes y servicios que son prestados entre empresas, ya que en numerosas ocasiones las transmisiones realizadas no encuentran una similar en el mercado, por lo que resulta muy complicado determinar el valor de la operación. Esta cuestión se plantea tanto en el comercio tradicional como en el comercio electrónico, sin embargo, la aparición de la red de Internet, y la posibilidad de transferir datos a través de la misma hacen que las transacciones comerciales electrónicas sean una buena herramienta para cerrar operaciones entre empresas, sin que el valor de las mismas pueda ser determinado.

La complejidad a la hora de determinar el valor de una transacción comercial realizada entre dos empresas, asociadas o vinculadas, es una realidad de la economía actual, facilitada por las nuevas tecnologías de la información y la comunicación. Las autoridades tributarias competentes de cada uno de los Estados han de desarrollar medidas más eficientes para no ver mermada la recaudación fiscal en sus territorios. Ya que entre otras posibilidades las nuevas tecnologías facilitan a las empresas la deslocalización, motivada por cuestiones de índole fiscal. Razón, por la que los precios de transferencia, juegan un papel fundamental en el ámbito de la fiscalidad internacional.

El uso de los precios de transferencia como una herramienta para disminuir la tributación no es algo novedoso, pero las nuevas tecnologías de la información y la comunicación, han motivado la aparición de nuevos supuestos que determinan la necesidad de que las administraciones tributarias competentes desarrollen nuevos mecanismos que reduzcan las posibilidades de llevar a cabo prácticas ilícitas por parte de los contribuyentes, usando un mecanismo legal y no diseñado para la evasión o el fraude fiscal.

En cualquier caso, las operaciones comerciales desarrolladas en la nueva economía no determinan la aparición de nuevos problemas en el uso y determinación de los precios de transferencia, sino que incrementan la complejidad a la hora de abordar los problemas ya conocidos en las transacciones comerciales tradicionales. No debemos olvidar, que en las operaciones comerciales electrónicas las fronteras físicas desaparecen, pudiendo no conocer donde las operaciones, la jurisdicción, tienen lugar, así como los sujetos implicados en las mismas.

El artículo 9 del Modelo de Convenio de la OCDE, que hace referencia a los precios de transferencia, no expone ninguna especificación concreta sobre el comercio electrónico–si bien, más adelante hablaremos del proyecto BEPS, donde habla de economía digital y precios de transferencia entre otros temas de interés directamente relacionados–. Únicamente insta a las empresas a utilizar el principio de libre competencia –arm`s lengh–, donde establece que los distintos miembros de un grupo multinacional han de actuar como si se tratase de empresas diferentes, con el fin de ofrecer un tratamiento fiscal equitativo entre empresas multinacionales y empresas independientes. La aplicación del principio de libre competencia no siempre resulta sencilla, ya que la posibilidad de transferir información y datos a través de Internet da lugar a que en determinadas ocasiones sea muy difícil poder llevar a cabo un análisis comparado para poder determinar el precio de la operación.

El problema de valoración de los intangibles surge, cuando no es posible encontrar mercancías comparables y susceptibles de valoración en el mercado. Por lo que los métodos de valoración de los precios de transferencia utilizados para el comercio tradicional son difíciles de aplicar en este tipo de transacciones, ya que se basan en la comparabilidad. Es por ello, que la OCDE considera que los métodos tradicionales son más adecuados para el cálculo de los precios de transferencia en el comercio tradicional, debido a que son más directos que los métodos basados en los beneficios, más adecuados para las operaciones electrónicas. Por tanto, opta por el principio de plena competencia, y la realización de un análisis de comparabilidad para determinar el importe de las transacciones electrónicas, y para ello se requiere que sean tenidos en cuenta una serie de factores (TRAPÉ CILADOMAT, 2007):

- Características de los bienes o servicios, las características específicas de los distintos bienes y servicios que se encuentran en el mercado, explican a menudo las diferencias de precios en el mercado libre. Las características que deben analizarse son las características físicas de los bienes tangibles, así como sus cualidades y fiabilidad, su disponibilidad y el volumen de la oferta. Si se trata de una prestación de servicios hay que prestar atención a la naturaleza del servicio y a su alcance. En el caso de los activos intangibles, hay que analizar la naturaleza de la operación, el tipo de activo, la duración y el grado de protección o los beneficios que sean susceptibles de generar la utilización del intangible objeto de la valoración.

- Análisis funcional, es la parte más trascendental del análisis de comparabilidad. Consiste en identificar las funciones que desempeña cada empresa en la transacción, teniendo en cuenta los activos utilizados y los riesgos realmente asumidos. Estas circunstancias dependen de los hechos y características de cada caso y pueden incluir el diseño, la fabricación, el montaje, la investigación y el desarrollo, la prestación de servicios, las compras, la distribución, la comercialización, la publicidad, el transporte, la financiación o la gestión. En este proceso, se deberán identificar y comparar las funciones, actividades y responsabilidades, fundamentalmente las económicamente más significativas, asumidas por la empresa asociada y luego proceder en los mismos términos respecto de aquellas independientes que se elijan como comparables.

- Cláusulas contractuales, normalmente éstas de forma expresa o implícita definen como se reparten las responsabilidades, riesgos y beneficios entre las partes contratantes. Hay que analizar si los términos de los contratos son términos que hubieran suscrito empresas independientes entre sí, así como si la conducta de la empresa es conforme a las cláusulas que figuran en el contrato o si, por el contrario, éstas se han ignorado o si la conducta no es en absoluto concordante con las mismas, pudiendo llegar a calificarse en este caso la conducta de simulada.

- Circunstancias económicas, las distintas transacciones económicas objeto de análisis se llevan a cabo en mercados diferentes, y si éstos presentan características distintas, el precio de las operaciones puede variar. Por lo que, para lograr la comparabilidad, se requiere que los mercados en los que operan las empresas independientes y las asociadas sean comparables sin que las diferencias existentes incidan materialmente en el precio de las transacciones o, incidiendo en el precio, se puedan realizar los ajustes apropiados.

- Estrategias comerciales, cada empresa tiene sus propias características y su forma concreta de gestión como puede ser la innovación y el desarrollo de nuevos productos o el grado de diversificación o de aversión al riesgo que influyen en sus decisiones, en su perfil financiero y en sus resultados. Sin embargo, existen situaciones que pueden influir directamente sobre el precio de los productos o el margen del beneficio que está dispuesto a obtener una empresa tales como estrategias relacionadas con políticas de penetración en los mercados o etapas de implantación de los productos. El análisis de comparabilidad debería determinar en primer lugar, si dichas estrategias comerciales responden a estrategias que podrían ser asumidas por empresas independientes con un plan de negocio razonable o si, por el contrario, la previsible reacción de una empresa independiente diferiría completamente de la asumida por la empresa asociada.

Además, la correcta aplicación del principio de libre competencia requiere que se tengan en cuenta una serie de consideraciones, aparte de las ya mencionadas anteriormente (TRAPÉ VILADOMAT, 2007):

i. Identificación de las operaciones realmente efectuadas.

ii. Evaluación de operaciones separadas y combinadas.

iii. Utilización de un rango de plena competencia.

iv. Utilización de datos de varios años.

Aunque la OCDE reconoce distintos métodos[17] de aplicación para determinar el precio de las operaciones entre entidades vinculadas, estos métodos no son obligatorios para las sociedades, ya que estas tienen libertad para aplicar otros, siempre y cuando satisfagan

---

[17] Las Directrices proporcionadas por la OCDE recogen cinco métodos de valoración, distinguiendo entre métodos basados en la transacción y métodos basados en el beneficio. Dentro del primer grupo encontramos el método del precio libre comparado, el método del coste incrementado y el método del precio de reventa. Mientras que en el segundo grupo se enmarcan el método de la distribución del resultado y el método del margen neto del conjunto de operaciones.

el principio de *arm´s lengh*. En cualquier caso, el contribuyente debe mantener y estar preparado para proporcionar la documentación de la que surja como determinó los precios de transferencia. Además, la aplicación del principio de plena competencia no es sencilla y puede presentar problemas de operatividad.

En cualquier caso, no debemos olvidar que los precios de transferencia han crecido en importancia en los últimos años como consecuencia del mercado global y el nacimiento de los intangibles, puesto que con éstos últimos es mucho más fácil situar a la empresa filial o al establecimiento permanente en el territorio donde las ventajas fiscales para la empresa matriz sean mayores. A la difícil valoración de los intangibles, por su difícil grado de comparabilidad, hay que sumar que estos territorios también son utilizados para reducir costes de producción, cuentan con mano de obra retribuida de forma más barata, las infraestructuras necesarias para la implantación de la industria, …

Las grandes empresas multinacionales pueden estar establecidas en países desarrollados, pero en los últimos años se ha observado una tendencia de localización hacía territorios en vías de desarrollo, donde encuentran un sistema tributario menos elaborado con unos tipos impositivos más reducidos. A la hora de organizar una empresa, los directivos tienen en cuenta múltiples factores, siendo los fiscales unos de los más importantes, porque los mismos pueden suponer un gran ahorro, lo que implica unos mayores beneficios. Y los precios de transferencia, aunque no son una herramienta de evasión o fraude, permiten disminuir el beneficio.

2.2.2.5. La calificación de las operaciones

La problemática fiscal de determinar la calificación de las operaciones se presenta en el marco de la fiscalidad indirecta, en el Impuesto sobre el Valor Añadido –IVA–. Ya que el mismo distingue entre prestaciones de servicios y entregas de bienes. La cuestión principal es determinar cómo son calificadas las transacciones comerciales que tienen lugar mediante comercio electrónico, especialmente aquellas en las que intervienen intangibles.

En la aplicación del IVA al comercio tradicional la Unión Europea ha buscado, en todo momento, que sea de aplicación el principio de neutralidad, tanto en las operaciones comerciales de ámbito interno como en aquellas de carácter internacional. Para ello, ha determinado que la tributación del impuesto será en destino, por lo que las importaciones no estarán sujetas a tributación en el país dónde se han producido y sí en la jurisdicción dónde son consumidas.

La atención en el marco del comercio electrónico, siempre buscando que el principio de neutralidad sea de aplicación, tanto en las transacciones comerciales electrónicas como en las tradicionales, se encuentra en determinar ya sea como entrega de bienes o como prestación de servicios, las transacciones comerciales electrónicas. Todo ello, teniendo en cuenta que el IVA es un impuesto dual, distinguiendo entre entregas de bienes y prestaciones de servicios, y el comercio electrónico cuenta con dos modalidades, directa, donde el objeto de intercambio es un intangible, e indirecta.

Por tanto, la primera decisión que hay que tomar al respecto es determinar cómo serán calificadas en el ámbito del IVA cada una de las modalidades de comercio electrónico. En este caso, la Comisión Europea establece como criterio que las operaciones comerciales realizadas mediante comercio electrónico indirecto constituyen una entrega de bienes, mientras que aquellas que tienen lugar mediante comercio electrónico directo se califican como prestación de servicio. El argumento esgrimido para esta decisión se encuentra en la existencia o no de un soporte físico. Si bien, atendiendo a esta calificación, en el ámbito de las transacciones comerciales electrónicas, nos podemos encontrar con productos que adquiridos en un comercio tradicional son calificados como entregas de bienes, mientras que si la adquisición tiene lugar mediante una transacción comercial electrónica son calificados como una prestación de servicios.

Adicionalmente, un problema vinculado a la aplicación del IVA y a la calificación de las rentas es la determinación del lugar de realización de las operaciones. Todo ello, teniendo en cuenta, que la regla general para determinar el lugar de realización del hecho imponible varía según se trate de una entrega de bienes o de una prestación de servicios. En el primer caso, la regla a seguir es la tributación en destino, mientras que para las prestaciones de servicios se sigue el principio de tributación en origen, todo ello atendiendo a lo estipulado en el artículo 8 de la Sexta Directiva de IVA.

Ante esta distinción, nos encontramos con una no aplicación del principio de neutralidad en las operaciones comerciales electrónicas. Ya que aquellos bienes que sean adquiridos mediante comercio electrónico indirecto, y calificados como entregas de bienes, tendrán una tributación en destino. Sin embargo, bienes sustitutivos de los anteriores, que puedan ser adquiridos en formato digital, obtenidos mediante comercio electrónico directo, serán calificados como prestación de servicios. Esto puede dar lugar a que el tipo impositivo que se aplica a la transacción comercial sea distinto, incluso dentro de una misma jurisdicción, mucho más habitual en transacciones comerciales electrónicas de carácter internacional.

Esta calificación de las operaciones, y, por tanto, la aplicación de las reglas del lugar de tributación, pueden dar lugar a situaciones no deseadas por parte de las administraciones tributarias de las distintas jurisdicciones, relacionadas de forma directa con una pérdida de recaudación impositiva muy relevante atendiendo al volumen de ventas del comercio electrónico y las expectativas de crecimiento de éste para los próximos años. Ya que los consumidores finales pueden adquirir el bien digitalizable, calificado como prestación de servicios, y por tanto, con una tributación en origen, desde sus hogares, y lo pueden hacer a través de aquella página web que les oferta un mejor precio. Y quizá la razón del precio más reducido se encuentre en que la empresa que comercializa el bien se ubique en un territorio con un IVA más reducido o incluso en una jurisdicción dónde el IVA no sea de aplicación.

Ante esta más que probable pérdida de ingresos fiscales la Unión Europea se ha visto en la obligación de tener que adaptar la normativa tributaria en materia de IVA a la nueva realidad comercial. La primera referencia normativa la encontramos en la Directiva 1999/59/CE del Consejo, de 17 de junio de 1999, por la que se modifica la Directiva77/388/CEE en lo que respecta al régimen del impuesto sobre el valor añadido aplicable a los servicios de telecomunicaciones, aunque es la Directiva 2002/38/CE del Consejo, de 7 de mayo de 2002, por la que se modifica, y se modifica temporalmente la Directiva 77/388/CEE, respecto del régimen del impuesto sobre el valor añadido aplicable a los servicios de radiodifusión y de televisión y de algunos servicios prestado por vía electrónica, la primera que hace referencia a la tributación del comercio electrónico.

Las modificaciones realizadas tienen que ver con el lugar de realización de las operaciones de comercio electrónico, y se realizan con la finalidad de garantizar la imposición en la Comunidad Europea de los servicios de telecomunicaciones cuando fueran consumidos por clientes establecidos en la misma. Ya que hasta la entrada en vigor de la directiva los operadores de telecomunicaciones establecidos en la Comunidad, se encontraban en clara desventaja con los no establecidos, ya que los primeros tenían que hacer frente a las obligaciones tributarias, al establecerse la tributación en origen, independientemente de si prestaban sus servicios en el interior de la Comunidad o en territorios terceros, e incluso podrían verse obligados a hacer frente a otras obligaciones tributarias en las jurisdicciones donde finalmente el servicio era prestado. Mientras que aquellas empresas que operaban desde países terceros, prestaban sus servicios en territorio europeo sin tener obligación tributaria alguna.

Con la implantación de esta medida se pretende fomentar la competitividad de las empresas residentes en la Comunidad Europea, al tener que hacer frente a las mismas obligaciones tributarias que las no residentes, ya que lo que se grava es el consumo que de los servicios de telecomunicaciones se efectúa en la Comunidad Europea, no gravando el que se hace fuera de la misma, aunque este servicio sea prestado por empresas europeas.

Igualmente, con la nueva normativa las ventas intracomunitarias a particulares quedarán sujetas al régimen de ventas a distancia, ya que la regla especial establecida en la Sexta Directiva en el artículo 9.2.e), que atiende al lugar donde se encuentre establecido el destinatario y que, en caso de sujeción, provoca la inversión del sujeto pasivo, no alcanza a aquellas prestaciones intracomunitarias en las que el destinatario es un particular, que seguirán rigiéndose por la regla general, el lugar del establecimiento del prestador, es decir, tributación en origen. Para ello, se añadió el artículo 9.4 a la Sexta Directiva, y se instaba a los Estados miembros a la aplicación del artículo 9.3.b) de la Sexta Directiva, de forma que cuando el destinatario establecido en la Comunidad no tuviese la condición de sujeto pasivo, la operación quedaría localizada en el territorio interior de algún Estado miembro siempre que la utilización y la explotación efectivas del servicio se llevase a cabo en aquel (MARTOS, 2006).

La discriminación que se producía hasta la aprobación de la Directiva 2002/38/CE, no se limitaba de forma exclusiva a consumidores establecidos fuera de la Unión Europea, también a los residentes en la misma, ya que la compra de un mismo producto podía tributar a un tipo diferente en función del Estado miembro donde estuviera establecida la sede de la actividad económica de la empresa a la que se adquiriera el producto, como consecuencia de la falta de convergencia en los tipos impositivos del IVA.

En el ámbito de la imposición indirecta, la calificación de los productos transmitidos por vía electrónica como prestaciones de servicios entraña, respecto a sus productos sustitutivos tangibles calificados como entregas de bienes, un diferente trato fiscal, lo que puede provocar una discriminación fiscal, ya que el anexo H de la Sexta Directiva, introducido por la Directiva 92/77/CEE, contiene un listado de actividades que, por tratarse de productos de primera necesidad o de carácter cultural, pueden quedar sometidos a tipos reducidos por parte de los Estados miembros.

Esta situación favorece a aquellos Estados miembros con tipos impositivos más reducidos, ya que sus empresas pueden ofrecer precios más competitivos, dando lugar incluso a que empresas suministradoras de bienes o servicios a través de la red decidan localizarse en aquellos países donde pueden obtener una mayor ventaja competitiva.

Tabla 9: Tipos impositivos del Impuesto sobre el Valor Añadido.

	SUPER REDUCIDO	REDUCIDO	NORMAL
BÉLGICA	-	6/12	21
BULGARIA	-	9	20
REPÚBLICA CHE-CA	-	10/15	21
DINAMARCA	-	-	25
ALEMANIA	-	7	19
ESTONIA	-	9	20
GRECIA	-	6-13	23
ESPAÑA	4	10	21
FRANCIA	2,1	5,5/10	21
IRLANDA	4,8	9/13,5	23
ITALIA	4	5/10	19

	SUPER REDUCIDO	REDUCIDO	NORMAL
CHIPRE	-	5/9	19
LETONIA	-	12	21
LITUANIA	-	5/9	21
LUXEMBURGO	3	8	17
HUNGRÍA	-	5/18	27
MALTA	-	5/7	18
PAÍSES BAJOS	-	6	21
AUSTRIA	-	10/13	20
POLONIA	-	5/8	23
PORTUGAL	-	6/13	23
RUMANIA	-	5/9	20
ESLOVENIA	-	9,5	22
ESLOVAQUIA	-	10	20
FINLANDIA	-	10/14	24
SUECIA	-	6/12	25
REINO UNIDO	-	5	20

FUENTE: COMISIÓN EUROPEA (2016): "VAT Rates, Applied in the Member States of the European Community." Situación a 1 de enero de 2016.

http://ec.europa.eu/taxation_customs/resources/documents/taxation/vat/how_vat_works/rates/vat_rates_en.pdf

La falta de neutralidad entre las transacciones comerciales electrónicas, entre bienes físicos y sus sustitutivos tangibles, es consecuencia de los diferentes tipos impositivos que nos encontramos en la Unión Europea. Si bien, la diferente calificación del comercio electrónico, directo e indirecto, favorece esta situación, por lo que siguen siendo necesarias modificaciones en la legislación tributaria. Ya que dos bienes sustitutivos, no pueden tener un trato fiscal diferente en función de canal de comercialización utilizado para su adquisición, puesto que supone una no aplicación del principio tributario de neutralidad.

3. PROPUESTA DE CAMBIO DE LA OCDE Y LA UE

A pesar de los esfuerzos realizados, y los criterios establecidos, tanto por la OCDE como por la Unión Europea para que las operaciones comerciales electrónicas se desarrollen de la forma más adecuada, y sin que se vean discriminadas, ya sea de forma positiva o negativa, frente a las transacciones comerciales tradicionales, se ha observado que las adaptaciones de los sistemas tributarios no han sido suficientes, pues existe un volumen importante de fraude fiscal asociado a la economía digital. Lo que repercute de forma negativa en las arcas públicas de los Estados, que ven como los ingresos públicos disminuyen y por tanto, se ven perjudicados tanto la cantidad como la calidad de los servicios públicos prestados por los mismos. Ante esta situación los actuales trabajos de las organizaciones internacionales mencionadas se centran en la lucha contra el fraude fiscal de la economía digital, así como las labores realizadas por las propias jurisdicciones.

Las características de la economía digital son la principal causa de la existencia de la problemática fiscal, ya que debido al elevado nivel de internacionalización de las empresas –a través de una página web pueden llegar a los consumidores potenciales de todo el mundo– y la transmisión de bienes intangibles –no atraviesan ninguna frontera física–, hacen que sea muy complicado determinar tanto el estado de origen de la renta, así como el de la fuente, por parte de las autoridades tributarias.

Por tanto, las autoridades tributarias competentes no pueden permanecer impasibles ante esta situación y han de buscar soluciones de forma rápida y duradera, con el fin de evitar las pérdidas de recaudación actuales y futuras. La OCDE y la UE, principales organizaciones de carácter internacional, han creado grupos de expertos y comisiones que analizan y estudian las distintas soluciones posibles al problema del fraude en la economía digital, que se basa fundamentalmente en la erosión de la base imponible y el desplazamiento de los beneficios hacía territorios de menor tributación –BEPS–. Los informes realizados tanto por la OCDE como por la UE establecen una serie de recomendaciones fiscales a llevar cabo para evitar este tipo de prácticas en la economía digital, puesto que las consecuencias negativas de la misma son nefastas para un correcto desarrollo de la economía.

3.1. EL PROYECTO BEPS DE LA OCDE

La globalización de la economía ha aumentado de forma significativa en los últimos años, como consecuencia del desarrollo del conjunto de la sociedad, teniendo las nuevas tecnologías de la información y la comunicación un peso importante en el desarrollo de la misma. Por ello, la inversión extranjera directa ha aumentado en las distintas jurisdicciones, las actuales facilidades de las que disponen las empresas ayudan a buscar nuevos emplazamientos con facilidades fiscales que les ayuden a maximizar el beneficio.

Por tanto, el establecimiento de normas fiscales de carácter internacional tiene cada vez una importancia mayor, para evitar situaciones no deseadas tanto por las empresas como por los Estados, ya sea una doble tributación o una pérdida de ingresos fiscales como consecuencia de la deslocalización empresarial o la erosión de las bases imponibles de los tributos a los que las sociedades se encuentran sujetas.

El trabajo de los organismos internacionales, buscando el consenso y la coordinación de las distintas jurisdicciones es fundamental, de ahí que la OCDE pusiera en marcha un grupo de expertos con el objetivo de estudiar y analizar las distintas posibilidades que ofrece la norma tributaria para adecuarse a las características propias de la economía digital, y no dar lugar a una merma de ingresos fiscales en las jurisdicciones. Ya que, junto con la crisis económica y la realización de una planificación fiscal agresiva por parte de las empresas, principalmente de carácter internacional, a lo largo de los últimos años se observa una erosión de las bases imponibles de los principales impuestos así como un traslado de los beneficios hacía territorios más laxos en política fiscal.

Por ello, en el año 2013 la OCDE pone en marcha un ambicioso plan de acción integral, con el fin de reestablecer la confianza en los sistemas tributarios internacionales y asegurar que los beneficios tributen en aquella jurisdicción en la que la actividad económica es desarrollada y donde la misma genera valor. A este plan se le denominó "Action Plan on Base Erosion and Profit Shifting", conocido de forma coloquial como el "Plan BEPS". El mismo establece una serie de acciones, logradas por el trabajo conjunto y los esfuerzos realizados tanto por la OCDE como por los países del G-20, viéndose implicados más de 60 países[18].

---

[18] Albania, Alemania, Arabia Saudí, Argentina, Australia, Austria, Azerbaiyán, Bangladesh, Bélgica, Brasil, Canadá, Chile, Colombia, Corea, Costa Rica, Croacia, Dinamarca, Eslovenia, España, Estados Unidos, Estonia, Federación de Rusia, Filipinas, Finlandia, Francia, Georgia, Grecia, Hungría, India, Indonesia, Irlanda, Islandia, Israel, Italia, Jamaica, Japón, Kenia, Letonia, Lituania, Luxemburgo, Malasia, Marruecos, México, Nigeria, Noruega, Nueva Zelanda, Países Bajos, Perú, Polonia, Portugal, Reino Unidos, República Checa, República Eslovaca, República Popular China, Senegal, Singapur, Sudáfrica, Suecia, Suiza, Túnez, Turquía y Vietnam. Al mismo tiempo, otros muchos países han participado en la configuración de los resultados del Proyecto de la OCDE y del G-20 de la lucha contra la erosión

El Proyecto BEPS estable 15 acciones que recogen medidas que abordan distintas cuestiones, desde el establecimiento de nuevos estándares mínimos, así como el establecimiento de nuevos enfoques que beneficien la convergencia de prácticas fiscales nacionales. Las acciones recogidas son las siguientes:

- Acción 1: Abordar los retos de la economía digital para la imposición: Es necesario analizar y estudiar de forma exhaustiva los problemas fiscales que los actuales modelos de negocio plantean a los sistemas tributarios actuales, al ser los nexos de unión con los territorios más débiles o difíciles de identificar. El análisis debe ser realizado tanto en el ámbito de la imposición directa como indirecta.

  Además, señala que la política fiscal de los distintos estados tiene que ser desarrollada de forma coordinada entre las jurisdicciones. Es necesario establecer coherencia entre las normas tributarias existentes para evitar los actuales problemas.

- Acción 2: Neutralizar los efectos de los mecanismos híbridos: desarrollar nuevas disposiciones y recomendaciones para la elaboración de los modelos de doble imposición, incluido el modelo de la OCDE, con el objetivo de que las empresas no tengan que hacer frente a una doble tributación –situación que desincentiva su creación–.

- Acción 3: Fortalecer las normas de Transparencia Fiscal Internacional: con ellas los defraudadores tendrán más difícil la comisión del delito.

- Acción 4: Limitar la erosión de la base imponible a través de la deducción de intereses y otros pagos financieros: las

de la base imponible y el traslado de beneficios (Proyecto BEPS) mediante diálogos regionales estructurados.

empresas pueden utilizar su deuda financiera para reducir la carga tributaria.

- Acción 5: Combatir las prácticas tributarias perniciosas de manera más efectiva, atendiendo a la transparencia: mejorar la transparencia fiscal es el primer objetivo a conseguir, dónde el intercambio de información debe realizarse de manera fluida. Se debe prestar una especial atención a aquellos regímenes preferenciales en materia fiscal, y para ello es muy importante que exista un alto grado de cooperación entre los distintos Estados.
- Acción 6: Impedir la utilización abusiva de convenios internacionales: es necesario desarrollar disposiciones y recomendaciones que impidan un trato beneficioso, o la existencia de doble imposición. Por ello, la coordinación adquiere una especial importancia.
- Acción 7: Prevenir la evasión fiscal a través de un establecimiento permanente artificial: es necesario una actualización del concepto de establecimiento permanente para evitar localizaciones artificiales, así como también ha de revisarse la atribución de beneficios entre distintas jurisdicciones.
- Acción 8: Intangibles: han de evitarse los movimientos de intangibles entre entidades de un mismo grupo, para ello es necesario establecer una definición clara y única de lo que se considera un activo intangible, garantizar que los beneficios de su transferencia están correctamente valorados –necesidad de revisar las formas de valoración de los precios de transferencia– y modificar el sistema de reparto de costes.
- Acción 9: Riesgo y Capital: es necesario desarrollar normas que eviten que se puedan trasladar entre entidades riesgos y capital con el objetivo último de reducir la tributación.

- Acción 10: Otras operaciones de alto riesgo: Desarrollar normas para evitar la erosión de las bases imponibles a través de transacciones muy específicas difíciles de valorar.
- Acción 11: Establecer metodologías para recopilar y analizar datos, así como establecer acciones que eviten la erosión de las bases imponibles: es necesario desarrollar técnicas que sean capaces de tratar los datos de forma adecuada y establecer un reparto entre las distintas jurisdicciones, de forma que ningún Estado sufra pérdidas económicas.
- Acción 12: Exigir a los contribuyentes a revelar su forma de planificación fiscal agresiva: insistiendo en la idea de la transparencia la OCDE considera necesario establecer herramientas para prevenir estas prácticas, haciendo que sea necesaria la divulgación de determinada información por parte de las empresas, así como que exista una mayor coordinación entre las Administraciones tributarias competentes y los encargados de la política fiscal.
- Acción 13: Reexaminar la documentación sobre los precios de transferencia: es necesario desarrollar nuevas normas en cuanto al cálculo y documentación necesaria para la determinación de los mismos. Las empresas multinacionales tendrán que proporcionar a los gobiernos pertinentes toda la información necesaria sobre su actividad económica, ingresos e impuestos pagados en las distintas jurisdicciones.
- Acción 14: hacer más efectivos los mecanismos de resolución de conflictos: es necesario establecer mecanismos rápidos que establezcan soluciones, para evitar pérdidas de recaudación fiscal.
- Acción 15: Desarrollar instrumentos de carácter multinacional: es necesario analizar las cuestiones fiscales y el derecho internacional público relacionados con el desarrollo de un

instrumento multilateral para permitir que las jurisdicciones que lo deseen puedan aplicar las medidas desarrolladas en los trabajos sobre BEPS y enmendar los convenios fiscales bilaterales.

En definitiva, las acciones BEPS establecen una serie de medidas que facilitarían la convergencia entre las normas tributarias nacionales para la limitación de la erosión de la base imponible, para ello intenta constituir unos pilares tributarios fundamentales con un alto grado de eficiencia. Ya que la problemática fiscal actual afecta tanto a las operaciones comerciales tradicionales como electrónicas. No obstante, la economía digital agrava los riesgos de erosión de las bases imponibles, principalmente cuando se hace referencia al concepto de establecimiento permanente y a los precios de transferencia.

Si bien, a día de hoy, la implementación del paquete de medidas del Plan BEPS aún no ha sido llevada a la práctica, ya que algunos elementos del mismo han de completarse a lo largo de los años 2016 y 2017. Además, de gran relevancia para un correcto desarrollo del Plan, la puesta en marcha del mismo por la OCDE y por los Estados no debería dar lugar a conflicto en el marco de la legislación tributaria nacional. Eso sí, se espera que las medidas que se desarrollen a través del Proyecto BEPS tengan un impacto sustancial en aquellas cuestiones relacionadas de forma directa con la economía digital, reduciendo de forma considerable aquellos problemas fiscales de mayor relevancia, tanto en el marco de la fiscalidad directa como indirecta.

La adopción de las distintas medidas BEPS, por las diferentes jurisdicciones, han de sentar las bases para el establecimiento de un sistema moderno de fiscalidad internacional, que responda a las actuales características de una economía global, donde las nuevas tecnologías de la información y la comunicación son parte esencial de la misma. El nuevo sistema de fiscalidad internacional busca lograr que los beneficios sean gravados en aquel territorio donde la actividad económica tiene lugar, así como la creación de valor.

Es por ello, que la OCDE considera necesario que la implementación del Plan tenga un carácter inclusivo, donde los países y jurisdicciones implanten los estándares mínimos de forma taxativa. Los Estados que decidan adherirse al Proyecto BEPS deberán aceptar las 15 acciones establecidas y comprometerse a implementarlo de manera sistemática, al tiempo que tendrán la obligación de abonar una cuota de membresía, de carácter anual, por su condición de Asociados BEPS. Algunos cambios de la normativa tributaria son susceptibles de aplicación inmediata, las revisiones de las Directrices de los Precios de Transferencia, por ejemplo, mientras que otros necesitan ser analizados y desarrollados de forma más minuciosa. Especialmente aquellos que implican cambios en la legislación tributaria nacional, no debiéndose establecer un conflicto de intereses entre los compromisos jurídicos internacionales y la normativa interna.

Aunque el desarrollo e implantación del Plan BEPS todavía no se ha realizado, y quedan por estudiar, analizar e implantar las distintas medidas, a finales del año 2015 la OCDE pública un informe en el que nos comunica el estado de cada una de las 15 acciones a desarrollar.

La lectura del informe de la Acción 1, abordar los retos de la economía digital para la imposición, es fundamental para comprender y analizar, posteriormente, la fiscalidad de la economía digital, y por tanto, del comercio electrónico. Ya que en el mismo se establece la necesidad de determinar –o establecer con precisión– el concepto de economía digital. Este primer paso es fundamental, para con posterioridad, poder desarrollar y establecer aquellas medidas fiscales más adecuadas con el fin último de evitar una erosión de las bases imponibles de los distintos tributos que se ven implicados en las transacciones comerciales electrónicas, y que afectan a los ingresos fiscales de las distintas jurisdicciones –el concepto de establecimiento permanente, los precios de transferencia, así como las normas y mecanismos de recaudación del IVA–.

La OCDE en el marco de la fiscalidad de la economía digital, insiste una vez más, en la necesidad de que sean de aplicación los principios básicos de tributación de neutralidad, eficiencia, suficiencia, efectividad y flexibilidad. Los mismos fueron ya puestos de manifiesto en el año 2001, pero la aplicación de los mismos sigue siendo un requisito necesario para el buen funcionamiento de la economía global en su conjunto. Y los mismos han de ser de aplicación tanto para la fiscalidad directa como indirecta.

En el marco de la fiscalidad directa, el principal objetivo es evitar tanto las situaciones de doble imposición, como aquellas dónde las empresas evaden la norma fiscal. Ambas tienen efectos perniciosos no deseados por las jurisdicciones. El impuesto principal a tener en cuenta es el Impuesto sobre Sociedades, el cual necesita ser adaptado a la nueva realidad económica, donde el carácter global de la economía y las nuevas tecnologías de la información y la comunicación son una realidad. Todo ello teniendo en cuenta, que existen dos posibilidades de hacer tributar a las rentas obtenidas por las empresas, en función de su vinculación al territorio o atendiendo a la vinculación personal de las mismas –nacionalidad–. Es por ello, que es necesario reforzar las normas de control sobre las empresas, siempre con el objetivo último de evitar situaciones de elusión o evasión fiscal. Lo fundamental, para lograr medidas eficientes y eficaces, es alcanzar un alto grado de consenso y colaboración entre los distintos Estados.

Uno de los principales problemas a los que tienen que hacer frente las autoridades internacionales y nacionales, en el marco de la fiscalidad directa, es determinar el concepto de establecimiento permanente, así como aclarar dónde han de tributar las rentas obtenidas a través del mismo. En este punto el intercambio de información fiscal entre las distintas jurisdicciones se convierte en una pieza fundamental para la elaboración de un nuevo marco tributario internacional, jugando los convenios de colaboración entre los distintos Estados un papel principal.

En el marco de la fiscalidad indirecta, hay que estudiar y analizar las implicaciones del Impuesto sobre el Valor Añadido. Es necesario tener en cuenta la dualidad del mismo, distinguiendo entre entregas de bienes y prestaciones de servicios, así como la existencia de distintos tipos impositivos entre las distintas jurisdicciones. Circunstancias que ponen en duda la aplicación del principio de neutralidad. Es por ello, que la OCDE, considera que una de las formas más adecuadas para lograr que sea de aplicación el mencionado principio, a la vez que no se produzcan pérdidas de recaudación importantes por la deslocalización de las transacciones comerciales electrónicas, es que todas las transacciones comerciales tengan una tributación en destino.

La dificultad, atendiendo a las características de la economía digital, es su implantación cuando se trata de bienes intangibles –todos ellos calificados como servicios–. Es por tanto, complicado determinar por parte de las autoridades tributarias tanto la localización de la empresa como del consumidor final. Es decir, tanto del sujeto que actúa como intermediario con la Administración Tributaria competente como con el sujeto pasivo del impuesto. Para evitar estas situaciones no deseadas se recomienda que se establezca un registro de las empresas que operan en cada una de las distintas jurisdicciones con el fin de conocer una localización concreta de las mismas, y que las pérdidas de recaudación sean lo más reducidas posibles.

En cualquier caso, el Plan BEPS no puede dejar escapar la oportunidad de hacer tributar de forma correcta las operaciones económicas que tienen lugar a través de la economía digital, pues la misma no es una opción de futuro, sino un hecho. Y las nuevas tecnologías de la información y la comunicación permiten a las empresas llevar a cabo una deslocalización motivada por cuestiones de índole fiscal. Por ello, ha de tratar de minimizar los riesgos que suponen para las distintas jurisdicciones la deslocalización de rentas, así como de distintas funciones empresariales, hasta ahora obtenidas y desarrollados en territorios OCDE. Ya que determinadas estructuras fiscales, además del concepto de establecimiento permanente, como el uso de los precios de transferencia y el diseño de una planificación fiscal agresiva –buscando aquellos territorios con tipos impositivos más reducidos o con un mayor número de deducciones a aplicar–, pueden ser utilizados por las distintas empresas para maximizar su beneficio, principalmente cuando el objeto de intercambio es un intangible.

Por tanto, una de las principales tareas encomendadas a los grupos de expertos en el marco de la economía digital y la fiscalidad directa es determinar un nexo de unión entre las empresas, o los establecimientos permanentes de las mismas, y las rentas obtenidas, de forma que las mismas tributen en aquellos territorios donde realmente han sido obtenidas. Mientras que en el marco de la fiscalidad indirecta es necesario establecer un nuevo sistema de IVA, en el que las operaciones comerciales con intangibles queden sujetas a imposición, independientemente del número de jurisdicciones que intervengan en la misma, siendo necesario conocer la ubicación de las empresas implicadas.

Por ello, los futuros pasos de la OCDE irán encaminados a buscar soluciones a los problemas concretos de fiscalidad que plantea la economía digital, buscando, siempre, que sean de aplicación los principios básicos de tributación, especialmente los principios de neutralidad y suficiencia.

Los retos fiscales de la economía digital, acción 1, los podemos relacionar de forma más directa con determinadas acciones, como sería la acción 7, impedir la elusión artificiosa del estatuto de Establecimiento Permanente. En la misma la OCDE es consciente del problema que plantea la actual definición del concepto de establecimiento permanente, dando lugar a una erosión de la base imponible de los distintos tributos a los que han de hacer frente las distintas empresas, como consecuencia de que las empresas pueden llevar a cabo una planificación fiscal agresiva con resultados no deseados para el conjunto de la economía.

La OCDE, por tanto, es consciente de la problemática que presenta el actual concepto de establecimiento permanente, ya que permite a las empresas, principalmente aquellas de carácter internacional, fragmentar de forma artificial sus operaciones entre varias entidades del grupo empresarial, para determinar varias actividades como accesorias o preparatorias, entre otras estrategias fiscales, y así gozar de una menor tributación. Es por ello, que ante la importancia económica y social de la inadecuación del concepto de establecimiento permanente, la OCDE ha desarrollado distintos documentos (OCDE, 2014, 2015) que se centran de manera exclusiva en discutir y proponer soluciones a la denominada Acción 7.

El primero de ellos, elaborado en 2014, lleva por título *"BEPS Action 7: preventing the artificial avoidance of PE status*", y en el mismo se hace hincapié en la necesidad de revisar la definición de establecimiento permanente, con el fin de evitar los problemas de fraude y elusión fiscal. En este primer documento, sí que se establece una relación en las particulares características de la economía digital y el concepto de establecimiento permanente, y a lo largo del mismo se proponen las modificaciones que sería adecuado llevar a cabo para la adaptación del concepto de establecimiento permanente a las nuevas circunstancias económicas. Las propuestas de modificación son las siguientes:

- 4 opciones (opciones A-D), que modificarían los apartados 5 y 6, del artículo 5 del MCOCDE, establecimiento permanente, relativas a prevenir una localización artificial a través de comisionistas, agentes dependientes, o una figura de similares características.

- 4 opciones (opciones E-H), que modificarían el apartado 4 del artículo 5 del MCOCDE incluyendo una lista donde se especificarían aquellos casos particulares que no son considerados establecimientos permanentes (excepciones).
- 2 opciones (opciones I-J), modificando el apartado 4, abordando la fragmentación de la actividad de la empresa para que puedan ser de aplicación las excepciones establecidas.
- 2 opciones (opciones K-L), modificando el apartado 3, para evitar que las empresas puedan utilizar la división de contratos para no permanecer más de 12 meses en un Estado determinado, y por tanto ser consideradas establecimiento permanente.
- 2 Opciones (opciones M-N), haciendo referencia, en este caso, a aquellas compañías de seguros que contratan seguros a empresas que no disponen de un establecimiento permanente en su territorio de actuación.

Si bien, centrándonos en el ámbito de la economía digital, consideramos que las modificaciones que tienen una mayor relación con la misma son aquellas que tienen por objeto la modificación del párrafo 4 del artículo 5 del MCOCDE, focalizándonos, de forma más concisa en las mismas, ya que la propuesta realizada a este respecto consiste en modificar o matizar el concepto de actividad principal, así como el de actividades auxiliares o preparatorias, con el fin de adaptarlos a la operatoria de las empresas que realizan transacciones comerciales de carácter electrónico. Proponiendo para ello cuatro opciones:

- Opción 1: Considerar las seis opciones como preparatorias o auxiliares, si bien, para ello, sería necesario que se modificara la redacción de las letras a), b) y f).

  La primera cuestión a tratar sería el uso de la palabra "entregar" en las letras a) y b), ya que al hacer uso de las mismas no se considera como establecimiento permanente de una empresa aquellas actividades que consisten en la utilización de las instalaciones para almacenar, exponer o entregar mercancías de la empresa, así como el mantenimiento de tales instalaciones. Ya que esta excepción es muy difícil de justificar cuando una empresa dispone de un gran almacén dónde el número de empleados es muy elevado, y éstos tienen como misión la entrega de las mercancías que comercializa la empresa para la que realizan su labor, aunque los bienes sean vendidos en línea. Con esta modificación los almacenes, que cumplieran los requisitos, podrían ser considerados como establecimientos permanentes[19].

  En segundo lugar, eliminar de la letra f) la frase final, es decir, en la que se indica que las actividades mencionadas en los párrafos anteriores han de conservar su carácter auxiliar o preparatorio.

- Opción 2: mantener la palabra "entrega" en los puntos a) y b) si ésta se condiciona con el inciso recogido en el punto e). Es decir, que se mantenga el almacén como un lugar fijo de negocios con el único fin de realizar en las mismas actividades preparatorias o auxiliares.

- Opción 3: No considerar las opciones de comprar o vender mercancías recogidas en el apartado d). Por tanto, sólo se

[19] El Modelo de Convenio de la Organización de las Naciones Unidas –ONU, no hace ya referencia al término "entregas", omitiendo esta palabra del mismo.

consideraría actividad preparatoria o auxiliar la recogida de información para el uso de la empresa. La redacción del mismo, quedaría transcrita de la siguiente manera: "el mantenimiento de un lugar fijo de negocios con el único fin de recoger información para la empresa[20]".

- Opción 4: Suprimir la totalidad del apartado d).

Las distintas opciones de modificación del concepto de establecimiento permanente van dirigidas, como no podía ser de otra manera, a evitar una deslocalización empresarial basada en cuestiones tributarias, con consecuencias negativas importantes para los estados de origen de dichas empresas. Por ello, y ante la relevancia jurídica y económica de la obsolescencia del concepto de establecimiento permanente, la OCDE no ha dejado de proceder al análisis y estudio del mismo. Resultado de dicho trabajo es el documento publicado en el año 2015, bajo el mismo título, *"BEPS Action 7: Preventing the artificial avoidance of PE status"*, donde sigue centrándose en evitar una erosión de la base imponible no deseada, como consecuencia de una inadecuación del concepto de establecimiento permanente.

A lo largo del presente documento presenta, atendiendo a los comentarios y sugerencias realizados por expertos, así como por distintas instituciones tanto públicas como privadas, las opciones que se consideran más adecuadas para la adaptación del concepto de establecimiento permanente a la nueva realidad comercial. Las opciones que han sido valoradas de forma más positiva se muestran a continuación:

---

[20] Si bien esta opción ha sido rechazada de forma expresa por la OCDE en el año 2010, al considerar que no se debe crear una regla especial cuando únicamente se dedica a la compra de bienes que posteriormente comercializará la empresa, pues vulnera el principio de libre competencia.

- Evitar una localización artificial del Establecimiento Permanente haciendo uso de la figura del comisionista o similar.

De las cuatro alternativas presentadas en el documento del 2014 para evitar esta situación, gran parte de las mismas coincidía en que la opción más adecuada era la "B", donde se reemplazaba "celebrar contratos" por "concluir contratos o negociar los elementos materiales de los mismos". Si bien, también se solicita a la OCDE que sea más rígida en lo que al concepto de agente dependiente, habitualidad y empresas asociadas, con el fin de evitar cualquier vacío legal no deseable.

- Evitar una localización artificial del Establecimiento Permanente a través de la exención prevista para determinadas actividades

En este caso, la opción que se ha considerado más adecuada ha sido la "E", de las cuatro disponible, la que hemos denominado opción 1 en el desarrollo anterior de la misma, en ella se recogía que todas las excepciones recogidas en el apartado 4 del artículo 5 estarían sujetas a la condición de "auxiliar o preparatorio", es decir, si esta condición no se cumplía, sería considerado como un establecimiento permanente. Ya que esta es la cuestión más controvertida en lo que a economía digital se refiere, pues lo que en la economía tradicional son actividades auxiliares, en la economía digital puede ser la actividad principal de la misma, por lo que hay que establecer un férreo control sobre esta cuestión.

Y en lo que respecta a la fragmentación de las actividades de una misma empresa para evitar que un establecimiento permanente real sea considerado como tal, ninguna de las opciones propuestas, ni la "I" ni la "J", se adecua a la nueva realidad económica, pues no se tiene en cuenta que la fragmentación empresarial muchas veces responde a cuestiones legales y comerciales, no únicamente de carácter tributario. Si bien, ante la falta de consenso, si parece ser que la opción “J”, que aborda la fragmentación de las actividades, es considerada más sencilla de aplicar en la práctica.

- La división de contratos

La opción “K”, que velaba si se superaba el periodo de 12 meses de permanencia en un Estado a través de distintos contratos, es preferible a las distintas opciones propuestas en 2014. Si bien, también se sugiere que algunos aspectos de la misma sean menos laxos, de forma, por ejemplo, que la regla “automática” únicamente sea de aplicación para empresas asociadas que realizan actividades similares.

- Seguros

En este caso es la opción “N” la considerada más adecuada para las características propias de la economía digital, y que por tanto no debe incluirse ninguna norma específica para las empresas de seguros en el artículo 5.

- Atribución de beneficios a empresas públicas y la interacción con los precios de transferencia.

Ante el gran número de comentarios y las distintas propuestas realizadas, en todo lo relativo al concepto de establecimiento permanente, debido a su importante trascendencia tributaria, la OCDE a finales del mes de octubre del presente 2015, ha publicado el último documento relativo a la adecuación del concepto de establecimiento permanente, en el que expone las principales conclusiones a las que se han llegado tras la elaboración de los distintos informes en relación con la Acción 7 de las BEPS. En el citado documento incide, una vez más, en la necesidad de modificar o adaptar a la nueva realidad el concepto y listado de aquellas actividades consideradas como auxiliares o preparatorias, y extiende su objeto de estudio a la fragmentación de actividades de la empresa con el fin de obtener unas mayores ventajas fiscales.

Para evitar una erosión de las bases imponibles, como consecuencia de una inadecuación del actual concepto de establecimiento permanente, principalmente porque con el nacimiento y desarrollo de la economía digital lo que antes eran actividades preparatorias y auxiliares ahora son actividades principales de la empresa. Sin embargo, la falta de adecuación del concepto tributario a la nueva realidad económica puede ser aprovechada por las empresas para llevar a cabo una planificación fiscal agresiva, no deseado ni por las organizaciones internacionales ni por los Estados.

Por ello, en primer lugar, propone una modificación del párrafo 4 del artículo 5 del MCOCDE, donde se recogen el listado de actividades preparatorias y auxiliares. Si bien no existe un acuerdo unánime entre los distintos Estados, pues algunos de ellos consideran que determinadas actividades catalogadas como preparatorias o auxiliares tienen únicamente ese carácter, como sería el caso de aquellas instalaciones que tienen el único fin de almacenar.

Además, en segundo lugar, ante esta disyuntiva propone una regla anti-fragmentación, que desarrollará en el nuevo párrafo 4.1 del artículo 5, de forma que las empresas no puedan fragmentar sus actividades con el único fin de que cada una de ellas, de forma individual, sea considerada auxiliar o preparatoria. En el nuevo párrafo se establecerá que las opciones previstas en el apartado 4 de artículo 5, consideradas como auxiliares o preparatorias, no serán de aplicación, si la suma de las actividades de una misma empresa constituye funciones complementarias que forman parte de una sola operación de negocios. Si bien, es necesario, que al menos una de ellas sea considerada como establecimiento permanente de la empresa, o que quede suficientemente demostrado que la combinación de las actividades preparatorias o auxiliares va más allá de lo meramente auxiliar o preparatorio.

Si bien a lo largo del año 2016 se seguirá trabajando en las distintas opciones de adecuación y adaptación del concepto de establecimiento permanente, con el fin de adaptarlos a las características de la economía digital y evitar así pérdidas no tributarias por la obsolescencia de determinados conceptos tributarios.

La acción 6, impedir la utilización abusiva de convenios, aunque no hace referencia expresa ni a la economía digital ni a los establecimientos permanentes, no podemos obviarla, pues ejerce una influencia directa sobre ambos, con sus correspondientes implicaciones fiscales. A través de la misma la OCDE pretende establecer un estándar mínimo para prevenir el abuso, evitando que las empresas busquen aquellos convenios que le son más favorables –treaty shopping–. Además, ha acordado distintos cambios en el Modelo de Convenio Tributario de la OCDE con el fin de prevenir aquellos convenios que supongan un obstáculo a la aplicación de normas anti-abuso internas.

En el cumplimiento de la acción 6 y 7, así como el resto de acciones mencionadas por la OCDE es fundamental que exista un alto grado de transparencia, afectando por igual a las distintas partes implicadas. Por ello, podemos hacer también mención a la acción 5, combatir prácticas fiscales tributarias perniciosas, teniendo en cuenta la transparencia y la sustancia. La falta de claridad en las normas tributarias es en muchas ocasiones el escudo que utilizan las empresas para llevar a cabo una política fiscal agresiva con consecuencias negativas para el conjunto de la economía. Por ello, las distintas autoridades fiscales han de luchar contra el fraude y la elusión fiscal, y una de las herramientas con las que cuentan para ello, es establecer instrumentos y mecanismos transparentes para todos los sujetos implicados en las cuestiones tributarias afectadas.

Ante la falta de transparencia tributaria por parte de determinadas jurisdicciones, las preocupaciones de las organizaciones internacionales y de los Estados, se centran de manera prioritaria en la existencia de regímenes preferenciales que pueden ser utilizados para trasladar de manera artificial los beneficios. En este punto, la economía digital y la deslocalización de los establecimientos permanentes –el servidor– tienen un papel muy importante, ya que la opacidad de las normas tributarias puede facilitar la deslocalización de determinadas empresas y por ende, dar lugar, a pérdidas de ingresos tributarios –de gran importancia– en aquellas jurisdicciones donde realmente la actividad económica tiene lugar. Por ello, es fundamental la coordinación entre los distintos Estados y que la transparencia fiscal sea una realidad.

Es por ello, que tampoco podemos obviar la acción 12, donde la OCDE se plantea exigir a los contribuyentes que revelen sus mecanismos de planificación fiscal agresiva. El acceso a la información de los contribuyentes en relación con su planificación fiscal da la posibilidad, de forma rápida, a las autoridades tributarias competentes, a conocer los riesgos de la actual legislación tributaria vigente, en cada una de las jurisdicciones, de forma que puede proceder a realizar los cambios necesarios en la norma para impedir una fuga de capitales no deseada. Con la puesta en marcha de la acción 12 la OCDE pretende establecer una serie de recomendaciones, para mejorar el intercambio de información entre los contribuyentes y las Administraciones, así como el intercambio de información fiscal entre distintas administraciones y jurisdicciones.

El intercambio de información y la acción coordinada de los distintos Estados es fundamental para dar cumplimiento a las acciones 8-10, asegurar que los resultados de los precios de transferencia están en línea con la creación de valor, así como a la acción 13, reexaminar la documentación de los precios de transparencia. En este caso, la aparición de las nuevas tecnologías de la información y la comunicación, y, por tanto, la economía digital, sí que tienen un peso relevante sobre los mismos. Ya que las nuevas tecnologías han permitido que una parte importante de la actividad de la empresa se desarrolle a través de la red de Internet, mediante bienes y servicios intangibles, que quedan fuera del control de las autoridades tributarias competentes, además, de que en muchas ocasiones se trata de bienes y servicios únicos en el mercado difícilmente valorables, por lo que los mismos pueden ser utilizados para trasladar beneficios a aquellas empresas filiales que cuentan con una tributación inferior. Si bien es cierto, que, en el marco de la economía digital, las nuevas tecnologías de la información y la comunicación no crean nuevos problemas en la aplicación de la norma tributaria en relación con los precios de transferencia, si bien, agravan los ya existentes.

Además, los intercambios comerciales entre empresas del mismo grupo han aumentado de forma considerable a lo largo de los últimos años, por lo que establecer unos criterios internacionales para la fijación de los precios de transferencia se convierte en una prioridad para las organizaciones internacionales y los Estados por la consecuencias tributarias que los mismos pueden tener en la sociedad y en la economía. Aunque todos los países decidan aplicar el principio de plena competencia, la interpretación del mismo puede ser distinta, por lo que es necesario establecer unos criterios mínimos de general aceptación. Es por ello, que el Plan BEPS estudia y analiza con detalle las peculiaridades de los precios de transferencia y de la economía digital.

En relación a la aplicación del principio de plena competencia el Plan BEPS ha establecido una serie de pautas para determinar unos precios de transferencia acordes con la creación de valor –Acciones 9 y 10–, de forma que prevengan la erosión de las bases imponibles así como el traslado de beneficios mediante la transferencia de riesgos, o la asignación excesiva de capital, entre los distintos miembros de un mismo grupo empresarial. Las pautas a seguir para ello son:

- Identificar las operaciones empresariales efectivamente realizadas por empresas asociadas, y comprobar que los precios de transferencia no estén basados en acuerdos contractuales que no reflejen la realidad económica.

- Han de respetarse los repartos contractuales de riesgos, siempre y cuando, estén basados en decisiones reales.
- Aquel capital que carezca de funcionalidad ha de obtener únicamente un rendimiento libre de riesgo por los fondos aportados.
- Las Administraciones fiscales podrán ignorar ciertas transacciones si se dan circunstancias excepcionales de irracionalidad comercial.

Las pautas adoptadas lo que pretenden es prevenir un pago inadecuado por el capital y la distribución incorrecta de riesgos, estableciendo un mayor rigor a la hora de determinar el valor de los precios de transferencia como consecuencia de una estrategia empresarial que busca maximizar el beneficio –planificación fiscal–.

Aunque cuando el objeto de intercambio es un intangible, el control de la erosión de la base imponible y el traslado de beneficios es mucho más complejo de determinar por parte de las correspondientes Administraciones, motivo por el que la OCDE dedica una parte importante de su análisis al mismo. Por ello, además de las pautas anteriores la OCDE considera necesario:

- La adopción de una definición amplia y claramente delimitada de intangible.
- Asegurar que los beneficios con la transmisión y uso de intangibles será distribuidos adecuadamente de conformidad con la creación de valor.
- Desarrollar normas específicas de precios de transferencias, o medidas especiales, para aquellos intangibles de difícil valoración.

Ya que la valoración de los intangibles es muy incierta en el momento en el que se cierra la operación, ya que muchas veces los intangibles son creados de forma específica para una empresa del mismo grupo, no encontrado sustitutivos en el mercado, por lo que en gran parte de las ocasiones se firma un contrato en el que el precio vendrá determinado por los resultados obtenidos con la utilización del intangible. Este modelo de determinación del precio del intangible, como consecuencia de las asimetrías en la información, hace muy difícil para las autoridades tributarias competentes determinar los flujos de dinero que realmente proceden del uso o explotación del intangible. La OCDE propone que las anteriores pautas sean reforzadas, con la puesta en práctica de las siguientes, de forma que se pueda determinar con mayor exactitud los beneficios que realmente proceden del intangible transferido. Las mismas serán desarrolladas a lo largo del año 2016. En cualquier caso, las pautas que se establezcan en relación con los precios de transferencias y con los intangibles han de garantizar:

- La propiedad legal de los intangibles, por parte de una empresa asociada, no ha de ser el único factor que determine, el rendimiento de la explotación de los mismos.

- Aquellas empresas asociadas que realicen funciones importantes para la creación de valor en relación con el desarrollo, mantenimiento, mejora, protección y explotación de intangibles han de recibir una remuneración adecuada al trabajo realizado.

- Aquella empresa asociada que asume un riesgo relacionado con el desarrollo, mantenimiento, mejora, protección y explotación de intangibles debe ejercer el control de los riesgos y tener capacidad financiera para asumirlos.

- El derecho de cualquier miembro del grupo de empresas multinacionales a los beneficios o pérdidas derivados de las diferencias entre los beneficios reales y los esperados dependerá de qué entidad, o entidades, asuma los riesgos que han provocado las diferencias, así como si esa entidad o entidades están realizando funciones importantes en lo que se refiere al desarrollo, mantenimiento, mejora, protección y explotación de intangibles o contribuyendo al control de los riesgos económicos.

- Una empresa asociada que aporte financiación y asuma los riesgos financieros, pero que no realice ninguna función con el intangible, sólo podrá esperar un rendimiento ajustado al riesgo por los fondos aportados.
- En el caso de que la empresa asociada que aporta los fondos no ejerce el control de los riesgos financieros asociados a dicha financiación, sólo tendrá derecho a un rendimiento libre de riesgo.
- Se amplían las pautas sobre las situaciones en que es adecuado utilizar técnicas de valoración.
- Es preciso que los contribuyentes realicen un riguroso análisis de precios de transferencia para garantizar que las transmisiones de intangibles de difícil valoración se valoran aplicando el principio de plena competencia.

La aplicación de estas pautas exigirá modificaciones en el Modelo de Convenio de la OCDE, en el artículo 9 del mismo. Todo ello, con el fin de evitar la erosión de las bases imponibles de los distintos impuestos tributarios a los que han de hacer frente las empresas. Ya que como consecuencia de que las actuales normas tributarias fueron diseñadas con anterioridad a la economía digital, éstas permiten que las empresas desarrollen una planificación fiscal agresiva, lo que se traduce en una merma de los ingresos públicos, repercutiendo de forma negativa para el conjunto de la sociedad.

Aunque únicamente se han desarrollado con mayor detenimiento aquellas acciones establecidas en el Plan BEPS que afectan de manera más directa a la economía digital, establecimiento permanente y precios de transferencia, todas ellas, en mayor o menor medida, ayuda a las actuales normas tributarias se adapten a la nueva realidad económica y contribuyan a que las nuevas tecnologías de la información y la comunicación no sean utilizadas como una herramienta que facilita la elusión y el fraude fiscal.

3.2. LA ECONOMÍA DIGITAL Y LA UE

La Unión Europea también es consciente de la importancia que tiene la economía digital, así como de la incidencia de la misma en los actuales sistemas tributarios. Es por ello, que desde principios del nuevo siglo ha llevado a cabo distintas iniciativas que promueven el uso de las tecnologías de la información y la comunicación –Estrategia Europea eEurope2002, y actualmente eEurope2020–. Dentro de las mismas, se incluye el fomento del comercio electrónico, debido al potencial de crecimiento que tiene el mismo, si bien es necesario adoptar medidas legislativas en materias relativas a los derechos de autor, venta a distancia de servicios financieros, dinero electrónico, jurisdicciones implicadas en las transacciones comerciales, o la correcta aplicación del Impuesto sobre el Valor Añadido. Todo ello, siempre desde la coordinación y la implicación de los distintos Estados miembros.

Ante la importancia que ha ido adquiriendo la economía digital, tanto a nivel europeo como a nivel mundial, la UE decidió crear un grupo de expertos en materia de fiscalidad de la economía digital, con fin de que identificaran los principales problemas tributarios que la misma ponía de manifiesto, así como que intentaran dar la solución más adecuada a los mismos. Si bien, los primeros trabajos del grupo de expertos comenzaron a finales del año 2014, presentado los primeros resultados obtenidos a la Comisión Europea en mayo del año siguiente, bajo el título *"Commission Expert Group on Taxation of the Digital Economy"*.

En el informe realizado los expertos coinciden en que han de seguir siendo de aplicación los principios básicos de tributación que son válidos en los mercados tradicionales –especialmente los de eficiencia, equidad y neutralidad–, así como que la coordinación entre los diferentes estados, a nivel europeo y mundial, es fundamental para que la fiscalidad de la economía digital sea adecuada y no dé lugar a pérdidas de recaudación no deseadas –aplicación del principio de suficiencia tributaria–. Además, hace referencia al Proyecto BEPS de la OCDE, de manera reiterada a lo largo del informe. Muestra de ello es que la Unión Europea sigue las directrices establecidas por la OCDE, si bien, la Unión hace referencia en su informe a dos impuestos de referencia en materia tributaria y empresarial, el Impuesto sobre Sociedades y el Impuesto sobre el Valor Añadido. Y en cada uno de ellos especifica las medidas que deberían ser adoptadas tanto a nivel internacional como nacional para evitar que las bases imponibles de los impuestos sean erosionadas, y por tanto, tengan lugar pérdidas de recaudación no deseadas ni por las Administraciones ni por los ciudadanos.

3.2.1. Fiscalidad Directa

En el análisis del impuesto societario en el marco de la economía digital, el grupo de experto de las UE señala que no existe un régimen fiscal específico para las empresas digitales, a las que son de aplicación las mismas normas tributarias que a las empresas que operan de forma tradicional, lo que hace que en determinadas ocasiones éstas no cumplan con los objetivos con los que fueron establecidas. Es por ello, que siguiendo el Proyecto BEPS, la UE considera que se debe trabajar en tres áreas muy concretas, vinculadas de una forma u otra, con las 15 acciones desarrolladas por la OCDE, las áreas de actuación serían:

1. Combatir las prácticas de competencia fiscal

2. Revisar las reglas de cálculo de los precios de transferencias

3. Establecer un nexo de unión de las actividades gravables

A su vez, cada una de las tres acciones establecidas se encuentra dividida en distintas líneas de acción, todas ellas encaminadas a la consecución del objetivo principal, que no es otro que combatir las prácticas fiscales ilegales así como evitar la erosión de la base imponible del Impuesto sobre Sociedades.

En la primera acción propuesta, la lucha contra las prácticas de competencia fiscal –equivalente a la acción 5 del Proyecto BEPS–, la UE reconoce que la competencia fiscal entre Estados a que muchas empresas, principalmente multinacionales, desarrollen una planificación fiscal, con el fin de maximizar su beneficio, pero que tiene una repercusión negativa en los ingresos públicos de los Estados donde las mismas residen de manera efectiva, ya que se trata de los territorios donde las principales decisiones de la empresa son tomadas. Es por ello, que insta a las empresas de los Estados miembros a trabajar en la elaboración de un Código de Conducta empresarial, en el marco de la fiscalidad, en el cual las empresas se comprometen a derogar aquellas medidas fiscales vigentes que den lugar a competencia fiscal perniciosa así como de abstenerse a promulgar nuevas normas tributarias que den lugar a la misma. Además, las Comisión encarga a los distintos Estados que analicen y estudien, de forma prioritaria, sobre tres áreas de la fiscalidad internacional:

- Mecanismos híbridos (Acción 2 del Proyecto BEPS)
- Aplicar de manera efectiva las normas de "Corporaciones foráneas Controladas" –CFC– (Acción 3 del Proyecto BEPS)
- Prevenir la erosión de las bases imponibles a través de deducciones vía intereses o cánones, así como buscando

aquellos convenios internacionales más ventajosos (Acciones 4, 5 y 6 del Proyecto BEPS)

En relación con los instrumentos híbridos, se establece como objetivo que las entidades no puedan hacer uso de los mismos para lograr una menor tributación. Para ello se han de aplicar disposiciones eficaces contra empresas que están bajo control de capitales extranjeros, para evitar que el entramado empresarial se diseñe con el objetivo de que la empresa con la base imponible mayor sea aquella situada en un territorio de baja o nula tributación, y en último lugar, evitar la elusión de impuestos mediante entramados empresariales.

La aplicación de las CFC tiene su origen en la existencia de dos principios de residencia, pudiendo cada Estado optar por aquel que le resulte más beneficioso, atendiendo a las características de su tejido empresarial. Siendo el más utilizado por los distintos Estados miembros de la Unión, aquel donde se grava la renta obtenida por las empresas nacionales en el territorio de la jurisdicción, mientras que las rentas obtenidas a través de establecimientos permanentes no se encuentran sujetas a tributación. Si bien, la convivencia de ambos principios puede dar lugar a que las empresas planifiquen donde han de gravar sus beneficios, siempre buscando una menor tributación. Por ello, los distintos Estados han de buscar soluciones coordinadas, para evitar una erosión de las bases imponibles.

La política fiscal desarrollada en materia de tributación de intereses y cánones, varía de unas jurisdicciones a otras, ya que algunas optan por no someter a retención ni los impuestos ni los cánones, atendiendo a las normas establecidas en su legislación interna. Mientras que otros Estados las mencionadas rentas si se encuentran sujetas a tributación. Por ello, una falta de cooperación entre las distintas jurisdicciones tiene consecuencias fiscales no deseadas, por ello la UE promueve que la información fiscal entre los distintos Estados sea más fluida, y que los convenios firmados entre los mismos no supongan un abuso de determinadas normas fiscales.

En cuanto a los precios de transferencia, los mismos han adquirido una gran importancia en la economía digital como consecuencia de la aparición de los intangibles, dónde en muchas ocasiones no es posible encontrar un bien sustitutivo con el que compararlo para determinar su precio de venta. Es por ello, que al igual que la OCDE recomienda que las operaciones intragrupo se utilice el principio de plena competencia. Ya que si el mecanismo de valoración de los precios de transferencia no es el adecuado, puede dar lugar a pérdidas fiscales de gran importancia, ya que las empresas podrán trasladar sus beneficios sin grandes dificultades a aquellos territorios que cuenten con una fiscalidad más ventajosa.

El Proyecto BEPS, hace referencia a los precios de transferencia en las Acciones 8, 9 y 10, mientras que la UE considera que dentro de los precios de transferencia hay que identificar cinco elementos básicos:

- Determinar el lugar de asignación de los beneficios producidos a través de los intangibles
- Determinar la asignación de beneficios obtenidos por el riesgo del negocio
- Caracterizar las transacciones
- La erosión de las bases imponibles en los pagos
- Analizar las cadenas de valor global y las divisiones de grupo.

Si bien, dedica una parte más importante de su análisis a los dos primeros, al considerar que tienen una mayor transcendencia en la economía digital. En primer lugar, porque actualmente, la propiedad intelectual es un valor muy importante para un grupo de empresas muy numerosas, de forma mayoritaria aquellas que operan a través de la economía digital, por lo que una adecuada valoración de la misma es fundamental para evitar problemas de fraude fiscal, ya sea mediante la ubicación en paraísos fiscales o una incorrecta valoración de la misma que disminuye notablemente la base imponible, y por ende, la carga tributaria final. La misma situación se repite en el cálculo del beneficio atendiendo al riesgo, pues se presume que una asunción de riesgo mayor implica un mayor beneficio. Y en el marco de la economía digital la deslocalización empresarial es más sencilla de llevar a la práctica que en una empresa de carácter tradicional.

En último lugar, la UE no obvia, uno de los principales problemas que plantea la economía digital, que no es otro que la necesidad de establecer un nexo de unión con una jurisdicción determinada, todo ello, para hacer tributar a las empresas que operan en la misma, sin necesidad de disponer de un establecimiento físico. Actualmente no existe un nexo, o es muy difícil de identificar, que obligue a gravar a las empresas dedicadas a la economía digital a vincular las rentas obtenidas a un determinado territorio, de forma que los beneficios pueden trasladarse a territorios de baja tributación sin costes adicionales para las mismas. Por tanto, consideran necesaria la revisión del concepto de establecimiento permanente establecida actualmente, ya que en la economía digital la presencia física y la permanencia no son siempre necesarias para llevar a cabo una actividad económica, ya sea de carácter nacional o internacional. Para ello, sugiere que la definición debería basarse en dos aspectos:

- La contratación a distancia, y la distinción entre agente dependiente y comisionista.
- La definición de la "exención de actividades auxiliares".

La definición actual de agente dependiente que se usa para determinar la existencia de un establecimiento permanente se basa en la autoridad que tiene el mismo para concluir contratos en nombre de la empresa. Mientras que un comisionista de acuerdo con el derecho civil continental europeo actúa en su propio nombre, pero por cuenta de la empresa extranjera. Ante esta situación las empresas logran operar a través de filiales locales que actúan como agentes comisionista disminuir sus beneficios en Estados con una mayor carga tributaria.

En cuanto a las exenciones de actividades auxiliares hay que tener en cuenta que en la economía digital la rápida entrega a los clientes y la proximidad con ellos son parte esencial, sin necesidad de un desplazamiento físico. Pero sí que se necesita de un almacén para guardar las mercancías, por tanto, consideran que este podría ser considerado como un establecimiento permanente. En definitiva, lo que antes eran actividades auxiliares con la economía digital se han convertido en actividades principales.

Además, desde la Unión Europea también se está trabajando, sobre el Impuesto de Sociedades, con la idea de establecer una Base Imponible Consolidada Común –Proyectos BICCIS–, con el fin de hacerlo más equitativo y eficiente, con el fin de garantizar la imposición de los beneficios allí donde los mismos son generados. Aunque el mismo no tiene sus orígenes en la problemática fiscal de la economía digital, no podemos obviar que es una herramienta más con la que cuenta la Unión, y por tanto, los Estados, para luchar contra una planificación fiscal agresiva, lo que se traduce en una reducción de ingresos impositivos como consecuencia del fraude y la evasión fiscal.

La falta de un impuesto societario único en el ámbito de la UE facilita que aquellas empresas que así lo consideren puedan buscar emplazamientos que les proporcionen una fiscalidad más ventajosa, como consecuencia de que cada una de las jurisdicciones tiene una forma distinta en materia impositiva. Es por ello, que la Unión en el año 2011 realizó una propuesta de Directiva relativa a una base imponible común consolidada del impuesto sobre sociedades.

Como ya se ha señalado, cuando se pensó en la misma no se hizo pensando en las transacciones comerciales electrónicas, pero debido a la importancia que han adquirido éstas en los últimos años, la UE tiene previsto emitir un nuevo informe en 2016 que reactive el Proyecto BICCIS, basado en dos cambios fundamentales:

- se propondrá una BICCIS obligatoria, lo que mejoraría su capacidad para evitar el desplazamiento de beneficio –mucho más sencillo de llevar a la práctica en empresas de carácter electrónico o digital que tradicionales–.
- se propondrá que la BICCIS se introduce a través de un enfoque paso a paso. El enfoque principal debe estar en asegurar la base fiscal común, a partir de elementos internacionales relacionados con BEPS.

En cualquier caso, es fundamental, que exista coordinación entre los distintos Estados miembros, y que las relaciones entre las distintas jurisdicciones sea fluida, de forma que en caso de ser necesario proceder a un intercambio de información fiscal, esta se produzca en un periodo breve de tiempo.

3.2.2. Fiscalidad indirecta

La UE dedica una parte importante de sus esfuerzos al análisis y estudio de las consecuencias de la economía digital en el IVA, ya que el territorio de aplicación del Impuesto es el europeo, de forma que la aplicación del tributo sea eficaz. Es por ello, que ante el incremento del número de transacciones comerciales de carácter electrónico internacional, la Unión Europea ha tratado de realizar los cambios legislativos necesarios en materia de imposición indirecta para evitar situaciones que discriminen, positiva o negativamente, las transacciones comerciales electrónicas de las transacciones comerciales tradicionales. Por ello, en el año 2008, mediante la Directiva 2008/8/CE, del Consejo de 12 de febrero, modifica la Sexta Directiva de IVA y establece un nuevo régimen especial que tendrá efectos a partir del 1 de enero de 2015. Se trata de los "*Regímenes especiales para los empresarios o profesionales no establecidos que presten servicios de telecomunicaciones, de radiodifusión o de televisión o electrónicos a destinatarios que no sean empresarios o profesionales actuando como tales*", recogido en el Capítulo 6 del Título XII.

En la aplicación del nuevo régimen especial las transacciones comerciales electrónicas donde el comprador sea un consumidor final –B2C–, independientemente de que se trate de entregas de bienes o prestaciones de servicios, éstas tendrán que tributar donde el consumidor final tenga su residencia, es decir, tributación en destino. Para ello, será necesario que los empresarios o profesionales que querían acogerse al nuevo régimen tengan que registrarse a través de la Mini Ventanilla Única –Mini One Shop Sotp, MOSS–, estando obligados a ello aquellos empresarios o profesionales que no estén establecidos en la Unión Europea, o aquellos que sean residentes, pero que operen en distintos Estados miembros, siempre y cuando quieran aplicar el régimen mencionado[21].

El empresario o profesional, no residente o que opere en distintos Estados, facilitará los datos que correspondan –nombre, dirección de correos, dirección electrónica, incluidos sitios web, número de identificación fiscal nacional y una declaración en la que se afirme que se carece de identificación en la Comunidad Europea a efectos de aplicar el régimen especial– en uno de los

---

[21] España ha aprobado la Orden HAP/1751/2014, de 29 de septiembre, por la que se aprueba el formulario 034 de «Declaración de inicio, modificación o cese de operaciones comprendidas en los regímenes especiales aplicables a los servicios de telecomunicaciones, de radiodifusión o de televisión y a los prestados por vía electrónica en el Impuesto sobre el Valor Añadido» y se regulan distintos aspectos relacionados con el mismo. La misma regula el proceso de inscripción, para poder controlar las empresas que operan en España.

Estados en los que opere, no siendo necesario registrarse en cada uno de ellos. Ya que se va a poner en marcha un programa informático a nivel europeo que permita conocer éstos datos a los distintos Estados, sin necesidad de aumentar la complejidad de los trámites administrativos –MOSS–. La herramienta informática permitirá a las autoridades de la Unión Europea realizar auditorías a las empresas, con el fin de conocer si aplican correctamente el IVA. Las empresas que operan en el marco de la Unión Europea y llevan a cabo transacciones comerciales electrónicas podrán registrarse de forma voluntaria en el MOSS, para indicar su lugar de residencia, así como el de sus compradores. Las misma, podrán abandonar la plataforma de forma voluntaria en cualquier momento.

Con la nueva normativa todas las transacciones comerciales electrónicas que tengan como destino un consumidor final tendrán que aplicar el IVA del Estado de residencia del consumidor. Con ésta media se pretende evitar que las empresas dedicadas a la distribución de bienes intangibles busquen una localización basada en motivos fiscales, con el objetivo último de incrementar sus beneficios y poder ofrecer unos precios más atractivos a los consumidores. En el caso, de que el consumidor final no tenga su residencia en un Estado miembro de la Unión Europea, la empresa no tendrá que repercutir el IVA en el producto final.

Además, en el informe realizado por el Comité de Expertos en materia de Economía Digital, *"Commission Expert Group on Taxation of the Digital Economy"*, destaca que la adaptación del IVA a la nueva realidad económica debería centrarse principalmente en tres aspectos:

- Determinar que son servicios electrónicos
- Analizar la oferta, y compra, de servicios a través de Internet que no son estrictamente servicios electrónicos
- La compra de bienes en línea

Al análisis de los tres aspectos anteriores deberíamos añadir que la problemática del IVA es distinta según quien sea el sujeto que adquiere el bien o servicios finales, ya que este puede ser un consumidor final o un empresario o profesional. Cuando se trata de una operación comercial entre dos empresarios o profesionales, los bienes o servicios prestados, bajo la actual normativa comunitaria de IVA, son gravados en destino, si bien, esta forma de tributación puede llevar a determinadas empresas a buscar ubicaciones de baja o nula tributación, con el fin de reducir su carga impositiva –principalmente si se comercializan bienes y servicios intangibles–. A pesar de ello, la UE considera que es mucho más efectivo, para evitar una erosión de la base imponible del impuesto, el principio de tributación en destino que el principio de tributación en origen. Ya que éste último daba lugar a una no aplicación del principio de neutralidad, entre empresarios o profesionales establecidos dentro y fuera del territorio comunitario –favoreciendo a los no residente–, e incluso a los residentes establecidos en distintos Estados miembros, como consecuencia de la existencia de distintos tipos impositivos. El criterio de destino, también es aplicado cuando el comprador es un consumidor final.

En definitiva, el Comité de Expertos avala las decisiones que ya se habían tomado en materia de fiscalidad indirecta, con la Directiva 2008/8/CE, por parte de la UE, buscando siempre que el principio de neutralidad sea de aplicación, tanto cuando se opera con Estados miembros de la UE como con países terceros. Y para que esto ocurra así, la opción de tributación en destino es la más adecuada. Si bien, el informe también baraja la posibilidad de establecer un tipo impositivo único que redujera la complejidad de aplicación del IVA, y promoviera un mercado único dónde se garantizara la eficiencia y la equidad.

La Unión Europea no ha dejado de trabajar en materia de imposición indirecta, a lo largo de estos años, y por ello, en abril del año 2016, ha presentado el Informe denominado *"Action Plan on VAT"*, en el que marca las directrices a seguir por la UE, para adaptar el impuesto indirecto a las características de la economía digital, así como a las necesidades de las pequeñas y medianas empresas –PYMEs–. Una vez más deja patente, que es consciente, de la necesidad de adaptar los sistemas tributarios actuales a una realidad económica digital, donde la inmediatez y la globalidad son las principales características.

En el informe publicado en 2016 la UE reconoce que el actual sistema de IVA para el comercio electrónico es costoso, además de complejo, para los Estados miembros así como para las empresas. Es por ello, que propone la creación de un Mercado Único Digital –Digital Single Market–, con el fin de modernizar y simplificar el IVA transfronterizo de las operaciones comerciales electrónicas, especialmente cuando éstas son realizadas por Pymes, ya que éstas tienen, proporcionalmente, unos costes mayores de cumplimiento debido a la complejidad y fragmentación del IVA entre las distintas jurisdicciones europeas. La implementación de un mercado único requiere ampliar el concepto de Mini Ventanilla Única, tanto para los Estados miembros de la UE como para territorios terceros, siempre que realicen ventas de bienes tangibles a consumidores finales, reducir las trabas administrativas en materia de IVA, para facilitar la creación de nuevas empresas, permitir al país de origen de la transacción realizar una auditoría a las empresas transnacionales y eliminar la exención del IVA para la importación de pequeños envíos de proveedores no residentes en la UE. Parece razonable pensar que la recaudación por IVA en materia de comercio electrónico requiere de un nuevo enfoque, donde la forma tradicional de operar del IVA requiere una adaptación a la nueva economía digital.

En la adaptación de los sistemas tributarios actuales a la nueva realidad comercial, y en especial al IVA, parece razonable pensar que es necesario que se establezca una mayor cooperación entre los Estados, llevando a cabo un intercambio de información más efectivo. Esto permitiría la realización de auditorías conjuntas, de forma que las prácticas fraudulentas serían más difíciles de poner en marcha, lo que repercutiría de forma positiva sobre la recaudación fiscal. Por ello, desde la UE se propone la creación de una Oficina Europea contra el Fraude –European Public Prosecutor's Office–. Si bien, para la efectividad de la misma, sería necesario que la cooperación entre Estados no se limitara al ámbito de la UE, sino que se establecieran nexos de cooperación con países terceros. En cualquier caso, es tarea de la Administración hacer cumplir con las obligaciones fiscales a los correspondientes sujetos pasivos, por ello, es necesario que se trate de una Administración fuerte.

El sistema de recaudación del IVA necesita ser adecuado a la nueva forma de realizar transacciones comerciales, lo que supondría importantes ventajas para todas las partes implicadas. Por ello, la Unión considera que se puede implementar de forma más activa la e-gobierno, simplificando los trámites burocráticos en materia de legislación tributaria, lo que combatiría de forma conjunta contra el fraude y la elusión fiscal, a la vez que incrementaría la confianza de los usuarios, ya sean empresas o profesionales o consumidores finales. Y para el logro de los citados objetivos promueve el desarrollo de una agenda común en la que se establezcan normas mínimas de calidad en cuanto a las funciones de control y evaluación que llevarían a cabo las distintas administraciones tributarias, así como la creación de plataformas que permitan el intercambio de información fiscal de forma sencilla. A través de las distintas medidas, y la eficiencia de las mismas, se intentará buscar un incremento de la recaudación fiscal en materia de IVA.

En la puesta en marcha de un mercado digital único también sería tenido en cuenta la existencia de distintos tipos impositivos en cada uno de los Estados miembros, como así lo recoge la Directiva de IVA, la cual permite la existencia de tipos impositivos distintos entre cada una de las jurisdicciones –con un porcentaje mínimo del 15%–, así como que cada territorio pueda establecer hasta tres tipos impositivos distintos –normal, reducido y supereducido–. Esta configuración del IVA estaba pensada para garantizar la neutralidad del impuesto, sin embargo, la aplicación del impuesto al comercio electrónico, principalmente en la compra de libros y periódicos digitales, pone de manifiesto que el mencionado principio no es de aplicación. Lo que puede dar lugar a distorsiones en la localización de los proveedores de dichos bienes tangibles, con sus sustitutos en papel, lo que se traduciría en una erosión de las bases imponibles. Y pone de manifiesto la obsolescencia de la actual norma tributaria. Para evitar esta situación no deseada, y con repercusiones negativas para el conjunto de la economía la Unión propone dos alternativas:

1. Extensión y revisión periódica de aquellos bienes y servicios a los que pueden ser aplicados los tipos reducidos y superreducidos. Manteniéndose siempre el estándar mínimo en el 15%, manteniéndose también los tipos reducidos y supereredducidos vigentes en los distintos Estados, así como las exenciones, pero podrían ampliarse lo bienes y servicios beneficiarios de los mismos.

2. Abolir los bienes y servicios a los que pueden ser aplicados los tipos reducidos y superreducidos. Esta opción es mucho más ambiciosa que la anterior, ya que los Estados miembros tendrían libertad absoluta para aplicar distintos tipos de IVA a los bienes y servicios, que consideraran oportuno de forma individual. Aunque esta situación podría dar lugar a una competencia fiscal de tipos impositivos, pudiendo evitarse parte de la misma limitando el tipo impositivo de bienes de gran valor fácilmente transportables. Además, si se optara por esta alternativa el estándar mínimo del 15% sería eliminado.

En cualquier caso, la Unión sigue trabajando en esta materia y analizando las distintas posibilidades con las que cuenta para la adaptación del IVA a la economía digital, es por ello, que tiene previsto emitir más informes en el presente año, para analizar las medidas de cooperación entre los distintos Estados miembros, así como terceros, y buscar soluciones a las situaciones de fraude y elusión fiscal. Y en el 2017 la Comisión Europea presentará una propuesta para mejorar la cooperación administrativa en materia de IVA. El camino que quiere tomar la UE parece buscar una mayor libertad de los Estados para establecer el tipo impositivo a aplicar en su territorio, con la aplicación del principio de destino –una abolición del destino de origen–, evitando una complejidad administrativa del impuesto, y con un alto grado de cooperación entre jurisdicciones que permitan un correcto funcionamiento del mercado único.

Un cambio normativo en materia de IVA está próximo en el tiempo, y todo ello es consecuencia de la evolución de la sociedad, y por ende de la economía, teniendo una parte importante del cambio las nuevas tecnologías de la información y la comunicación. Es por ello, que debemos estas atentos a cualquier movimiento legislativo que se produzca, ya sea a nivel internacional o nacional, ya que las consecuencias del mismo pueden ser relevantes para el conjunto de ciudadanos, sean empresarios o profesionales o consumidores finales. Actualmente, nos encontramos en un proceso de transición en materia fiscal, tanto directa como indirecta, donde tenemos que estudiar y analizar las distintas posibilidades y buscar una solución que sea estable y duradera en el tiempo, siendo requisito imprescindible para ello, la coordinación entre las distintas jurisdicciones.

BIBLIOGRAFÍA

ABRAMS, H.E. y DOERNBERG R.L. (1997): "How Electronic Comerse Works", St. Tax Notes, nº 13.

BANEGAS, J. (2003): La nueva economía en España. Las TIC, la productividad y el crecimiento económico, Alianza Editorial, Madrid.

BRYNOLFSSON, E. (2003): "Consumer Surplus in the Digital Economy: Estimating the Value of Increased Product Variety at Online Book-sellers" Management Science.

BUSTOS BUIZA, J.A. y et.al. (2001): Dossier práctico Fiscalidad del Comercio Electrónico, Madrid, Ediciones Francis Lefebvre.

CARBAJO VASCO, D. (2000): "Reflexiones sobre comercio electrónico y fiscalidad" En Navarra y la sociedad del conocimiento: actas del congreso (2000).

CHAN, C.W. (2002): "Taxation of Global E-Commerce on the Internet: The Underlying Issues and Proposed Plan", Minnesota Journal of International Law. http://www.winthrop.com/Portals/0/PDF/claytonchan.pdf Consultado el 10 de abril de 2009.

CHOI, SOON-YONG y ANDREW B. WHINSTON (1997): Internet economy : technology and practice, SmartEcon, Austin, Texas.

CHOI, SOON-YONG, DALE O. STAHL, ANDREW B. WHINSTON (1997): The economics of electronic commerce, Macmillan Technical Publishing, Indianapolis.

COM (93) 700 Final de 5 de diciembre de 1993. Crecimiento, competitividad y empleo. Los retos y pistas para entrar en el siglo 21. Disponible en: http://europa.eu/documentation/official-docs/white-papers/pdf/growth_wp_com_93_700_parts_a_b.pdf

COM (97) 157. "A European Initiative in Electronic Commerce" Communication to the European Parliament, the Council, the Economic and Social Committee and the Committee of the Regions. Disponible en: ftp://ftp.cordis.europa.eu/pub/esprit/docs/ecomcom.pdf

COM (98) 374. Communication from the Commission to the Council, the European Parliament and the Economic and Social Committee - Electronic commerce and indirect taxation. Disponible en: http://eur-lex.europa.eu/procedure/EN/132779

COMISIÓN EUROPEA (2010): COM (2010) 2020 final, e Europa Una estrategia para un crecimiento inteligente, sostenible e integrador. Disponible en: http://eur-lex.europa.eu/legal-content/ES/ALL/;ELX_SESSIONID=LmdQTT1frGpV2CCN1TmLrGJhJgvQXy1TW6H1nmNhC46qhpJk5w2P!317170387?uri=CELEX:52010DC2020

COMISIÓN EUROPEA (2013): Guide to the VAT mini One Stop Shop. Disponible en: http://ec.europa.eu/taxation_customs/resources/documents/taxation/vat/how_vat_works/telecom/one-stop-shop-guidelines_en.pdf Consultado: el 30 de septiembre de 2014.

COMISIÓN EUROPEA (2014): Report of the Comission Expert Group on Taxation of the Digital Economy. Disponible en: http://ec.europa.eu/taxation_customs/resources/documents/taxation/gen_info/good_governance_matters/digital/report_digital_economy.pdf

COMISIÓN EUROPEA (2016): Communication from the Commission to the European Parliament, the Council and the European Economic and Social Committee on an action plan on VAT. Towards a single EU VAT. Time to decide. Disponible en: http://ec.europa.eu/taxation_customs/resources/documents/taxation/vat/action_plan/com_2016_148_en.pdf

COMISIÓN EUROPEA (2016): "VAT Rates, Applied in the Member States of the European Community." Situación a 1 de enero de 2016.

http://ec.europa.eu/taxation_customs/resources/documents/taxation/vat/how_vat_works/rates/vat_rates_en.pdf

CONFERENCIA DE LAS NACIONAES UNIDAS SOBRE COMERCIO Y DESARROLLO (UNCTAD) (2003): Informe sobre comercio electrónico y desarrollo 2003.

http://www.unctad.org/sp/docs/ecdr2003overview_sp.pdf

CORDELL, A.J. (1997): "Taxing the Internet: The Proposal for a Bit Tax", this is the text of a speech delivered to the International Tax Program at the Harvard Law School on February 14, 1997.

DELGADO GARCÍA, A.M. y OLIVER CUELLO, R. (2011): "Electronic commerce and Indirect Taxation in Spain", European Taxation, nº4, págs.: 137-149.

DEPARTAMENTO DE COMERCIO DE ESTADOS UNIDOS (1998): The emerging Digital Economy. Disponible en: http://govinfo.library.unt.edu/ecommerce/EDEreprt.pdf Consultado: el 23 de junio de 2016.

DEPARTAMENTO DEL TESORO AMERICANO (1996): "Selected Tax Policy Implications of Global Electronic Commerce", http://www.treasury.gov/resource-center/tax-policy/Documents/ Internet.pdf Consultado el 4 de mayo de 2016.

DigiWorld by IDATE (2014): The challenges of the digital world DigiWorld Yearbook 2014, disponible en: http://www.idate.org/en/Forum/DigiWorld-Yearbook/2014-Edition_95_.html. Consultado el 11 de abril de 2016.

Directiva 2000/31/CE del Parlamento Europeo y del Consejo, de 8 de junio de 2000, relativa a determinados aspectos jurídicos de los servicios de la sociedad de la información, en particular el comercio electrónico en el mercado interior (Directiva sobre el comercio electrónico).

Directiva 2002/38/CE del Consejo, de 7 de mayo de 2002, por la que se modifica y se modifica temporalmente la Directiva 77/388/CEE respecto del régimen del impuesto sobre el valor añadido aplicable a los servicios de radiodifusión y de televisión y a algunos servicios prestados por vía electrónica.

Directiva 2002/58/CE del Parlamento europeo y del Consejo, de 12 de julio de 2002, relativa al tratamiento de los datos personales y a la protección de la intimidad en el sector de las comunicaciones electrónicas.

Directiva 2006/112/CE del Consejo, de 28 de noviembre de 2006, relativa al sistema común del impuesto sobre el valor añadido. Disponible en: http://eur-lex.europa.eu/legal-content/ES/TXT/?uri=CELEX:32006L0112 Consultado: el 22 de junio de 2016.

Directiva 2008/8/CE del Consejo de 12 de febrero de 2008 por la que se modifica la Directiva 2006/112/CE en lo que respecta al lugar de la prestación deservicios.

DOERNBERG, R.L. y HINNEKENS, L. (1999): Electronic commerce and International Taxation, International Fiscal Association, Kluwer Law International, La Haya, Holanda.

Electronic commerce and Canada`s Tax Administration, Tax Executive, 1998.

http://www.allbusiness.com/accounting-reporting/corporate-taxes/706422-1.html

Consultado el 18 de junio de 2009.

FEIGE, L. E. (2000): "The Automated Payment Transaction Tax", Taxation for the 21ST Century.

FUNDACIÓN EOI (2010): Sectores de la nueva economía 20+20. Disponible en: http://www.eoi.es/blogs/20digital/files/2010/08/NUEVA_-ECONOMIA_2020_EOI_Econom%C3%ADa_Digital.pdf Consultado: el 23 de abril de 2016.

FUNDACIÓN ORANGE (2014): e-España 2014. Informe anual sobre el desarrollo de la sociedad de la información en España. Disponible en: http://www.proyectosfundacionorange.es/docs/eE2014/Informe_eE2014.pdf Consultado: el 24 de junio de 2016.

GARIBOLDI, G. (1999): Comercio Electrónico: Conceptos y reflexiones básicas, Intat Divulgación.

GOOLSBEE, A. (2000): "The Impact of Sales Tax on E-commerce", University of Chicago, Capital Ideas, Vol. 2, nº3. http://www.chicagobooth.edu/capideas/sum00/goolsbee.html Consultado el 12 de junio de 2015

HARRIS, R. y CHER LI, Q. (2005): "Establishmente level empirical study of links between exporting, innovation, and productivity", Departamento de comercio e industria Británico.

HORTALÀ I VALLVÉ, J., ROCCATAGLIA, V. y VALENTE, P. (2000): La fiscalidad del comercio electrónico, Ed. CISS Praxis Profesional.

KALAKOTA, R. y WHINSTON, A. (1997): Electronic Commerce: A Manager's Guide. Reading, MA: Addison-Wesley.

KPMG's Corporate and Indirect Tax Rate Survey 2016, https://home.kpmg.com/xx/en/home/services/tax/tax-tools-and-resources/tax-rates-online/corporate-tax-rates-table.html Consultado el 10 de mayo de 2016.

LIEBOWITZ, S (2002). "Rethinking the Network Economy: The True Forces that Drive the Digital Marketplace", Nueva York.

Ley 37/1992, de 28 de diciembre, del Impuesto sobre el Valor Añadido.

Ley 34/2002, de 11 de julio, de servicios de la sociedad de la información y de comercio electrónico.

Ley 35/2006, de 28 de noviembre, del Impuesto sobre la Renta de las Personas Físicas y de modificación parcial de las leyes de los Impuestos de Sociedades, sobre la Renta de no Residentes y sobre el Patrimonio.

MALIRANTA, M. y ROUVINEN, P. (2006): "Informational mobility and productivity: finnish evidence", Economics of Innovation and New Technology, Vol. 15:6.

MARTÍNEZ NADAL, A (2000): Comercio Electrónico, firma digital y autoridades de certificación. Ed. Civitas.

MARTOS, J.J. (2006): Imposición indirecta del comercio electrónico, Valencia, Tirant Lo Blanch.

McLURE, C.E. y CORABI, G. (2000): La tributación sobre el comercio electrónico: objetivos económicos, restricciones tecnológicas y legislación tributaria, Depalma, Buenos Aires.

MINISTERIO DE ECONOMÍA, COMERCIO E INDUSTRIA DE JAPÓN (2000): MITI's Proposal for WTO E-Commerce Initiative (Second Draft).

MINISTERIO DE ECONOMÍA, COMERCIO E INDUSTRIA DE JAPÓN (2008): Interpretative Guidelines on Electronic Commerce and Information Property Trading.

http://www.meti.go.jp/english/

MINISTERIO DE HACIENDA (2000): Informe sobre el Impacto del Comercio Electrónico en la Fiscalidad Española, IEF. Secretaría del Estado de Hacienda, Madrid.

http://data.datadiar.com/data/ntecnologias/newtecnofr/informh.htm

MINISTERIO DE FOMENTO (1999): "Estudio de situación del comercio electrónico en España. Iniciativa de Promoción e identificación de Servicios Emergentes de Telecomunicaciones Avanzadas (PISTA)", Secretaria General de Telecomunicaciones.

MITSUI, H. (2001): E-commerce taxation. A key to restructuring the income tax system.

MORENO NAVARRETE, M.A. (2002): Derecho del comercio electrónico, Marcial Pons Ediciones Jurídicas S.A.

NACIONES UNIDAS (2010): "United Nations E-Government Survey 2010. Leveraging e-government at a Time of financial and economic crisis"

http://unpan1.un.org/intradoc/groups/public/documents/un/unpan038851.pdf

NGUDUP, P. (2002): "E-commerce in Nepal. The concept of Electronic commerce", Mbus 673 Business Database Systems.

N-economía. http://n-economia.com/fichas-n-economia/i-comprender-la-nueva-economia-y-sus-efectos-macroeconomicos/ Consultado el 18 abril de 2016.

OCDE (1997): Committee por Information, Computer and Communications policy measuring electronic commerce. Disponible en: https://www.oecd.org/sti/2093249.pdf

OCDE, COMMITTE ON FISCAL AFFAIRE (1998): "Electronic Commerce: Taxation Framework Conditions".

OCDE (1999): The economic and social impact of Electronic Commerce.

http://www.oecd.org/dataoecd/3/12/1944883.pdf

OCDE (2000): Carification on the Application of the Permanent Establishment Definition in E-Commerce: Changes to the Commentary on the Model Tax Convention on Article 5". Disponible: http://www.oecd.org/tax/treaties/1923380.pdf

OCDE (2001): The Impacto of the Communications revolution on the application os "place of effective Management" as a Tie Breaker Rule, a Discussion Papref from the Technical Advisory Group on Monitoring the Application for Existing Treaty Norms for the Taxation of Business Profits. http://www.ocde.org

OCDE (2003): Place of Effective Management Concept: Suggestion for Changes to the OECD Model Tax Convention. Discussion Draft.

OCDE (2012): The Digital Economy. Disponible en: http://www.oecd.org/daf/competition/The-Digital-Economy-2012.pdf Consultado: el 23 de junio de 2016.

OCDE (2013): Action Plan on Base Erosion and ProfitShifting, OECD Publishing, Disponible en: http://dx.doi.org/10.1787/9789264202719-en Consultado: 31 de junio de 2016.

OCDE (2014): BEPS Action 7: preventingthe artificial avoidance of PE status, Disponible en: http://www.oecd.org/ctp/treaties/action-7-pe-status-public-discussion-draft.pdf Consultado el 3 de junio de2016.

OCDE (2014): Modelo de Convenio Fiscal sobre la Renta y el Capital de la OCDE. Disponible en: http://www.oecd.org/ctp/treaties/2014-model-tax-convention-articles.pdf Consultado el 3 de mayo de 2016.

OCDE (2015): BEPS Action 1 addresses the tax challenges of the digital economy and identifies the main difficulties that the digital economy poses for the application of existing international tax rules. The Report outlines options to address these difficulties, taking a holistic approach and considering both direct and indirect taxation. Disponible en: http://www.oecd.org/tax/addressing-the-tax-challenges-of-the-digital-economy-action-1-2015-final-report-9789264241046-en.htm Consultado el 29 de junio de 2016.

OCDE (2015): BEPS Action 7: preventing the artificial avoidance of PE status, Disponible en: http://www.oecd.org/tax/treaties/revised-discussion-draft-beps-action-7-pe-status.pdf Consultado el 29 de junio de 2016.

OCDE (2015): BEPS Actions 8 – 10 contain transfer pricing guidance to assure that transfer pricing outcomes are in line with value creation in relation to intangibles, including hard-to-value ones, to risks and capital, and to other high-risk transactions. Disponible en: http://www.oecd.org/tax/aligning-transfer-pricing-outcomes-with-value-creation-actions-8-10-2015-final-reports-9789264241244-en.htm Consultado el 29 de junio de 2016.

OCDE (2016): BEPS Action 13 contains revised guidance on transfer pricing documentation, including the template for country-by-country reporting, to enhance transparency while taking into consideration compliance costs. Disponible en: http://www.oecd.org/tax/guidance-on-the-implementation-of-country-by-country-reporting-beps-action-13.pdf Consultado el 29 de junio de 2016.

ONU (2011): Convenio modelo de las Naciones Unidas sobre la doble tributación entre países desarrollados y países en Desarrollo.

Disponible en: http://www.un.org/esa/ffd/documents/UN_Model_2011_UpdateSp.pdf Consultado el 2 mayo de 2016.
OTERO HIDALGO, C. (1998): El Comercio Electrónico. Fundamentos y situaciones en España, Madrid, ESIN.
OMC (1998): "El papel de la OCDE y el comercio electrónico".
OMC (1999): "A Quantitative Assessment os Electronic Commerce"
http://www.wto.org/spanish/res_s/reser_s/ae9901_s.htm
OMC (2000): "Programa de trabajo sobre el comercio electrónico".
OMC (DOHA, 2001): Declaración ministerial (Artículo 34).
http://www.wto.org/spanish/thewto_s/minist_s/min01_s/mindecl_s.htm
ORGANIZACIÓN MUNDIAL DE LA PROPIEDAD INTELECTUAL (1999): Comercio electrónico y derecho de autor: la principal función de la OMPI.
http://www.wipo.int/meetings/es/doc_details.jsp?doc_id=1247
ORGANIZACIÓN MUNDIAL DE LA PROPIEDAD INTELECTUAL (2001): El comercio electrónico y la propiedad intelectual en los países en desarrollo: Informe de situación.
www.wipo.int/edocs/mdocs/mdocs/es/pcipd_2/pcipd_2_6.doc
ORGANIZACIÓN MUNDIAL DE LA PROPIEDAD INTELECTUAL (2003): Intellectual Property and the Internet: Copyright and Related rights.
http://www.wipo.int/meetings/es/details.jsp?meeting_id=4832
OTERO HIDALGO, C. (1998): El Comercio Electrónico. Fundamentos y situaciones en España, ESIN.
SANTAMARÍA DÍAZ, F. y ESCOBAR ESPPINAR, M. (2004): "Estrategias empresariales ante el comercio electrónico", Información Comercial Española, nº813.
Sexta Directiva 77/388/CEE del Consejo, de 17 de mayo de 1977., en materia de armonización de las legislaciones de los Estados Miembros relativas a los impuestos sobre el volumen de negocios – Sistema común del Impuesto sobre el Valor Añadido: base imponible uniforme.
SOON-YONG CHOI, DALE O. STHAL, y ANDREW B. WHINSTON (1997): The Economics of Electronic commerce. Ed. Macmillan Techical Publishing.
STATISTICS CANADA (1999): A Reality Check to Defining eCommerce. http://www.ryerson.ca/~kagrant/documents/reality.pdf

THE NORWEGIAN COMPUTING CENTER7NORSK REGNESENTRAL (2001): "An Introduction to Electronic Commerce". http://www.ifi.uio.no/infnorad/Slides/eCommerce.pdf
Consultado el 25 de mayo de 2016.

TIMMERS, P. (1999): Electronic commerce: Strategies and models for businees-to-business treding, Ed. Wiley.

TRAPÉ VILADOMAT, M. (2007): Los precios de transferencia, en CORDÓN EZQUERRO, T. en Manual de Fiscalidad Internacional, Vol. II. IEF.

UNCITRAL (1996): "Model Law on Electronic Commerce with Guide to Enactment", Naciones Unidas. http://www.uncitral.org/pdf/english/texts/electcom/05-89450_Ebook.pdf Consultado el 8 de julio de 2016.

UNIÓN EUROPEA (1997): "Iniciativa europea de comercio electrónico". COM (97) 157 final. http://eur-lex.europa.eu/smartapi/cgi/sga_doc?smartapi!celexplus!prod!DocNumber&type_doc=COMfinal&an_doc=1997&nu_doc=157&lg=es

UNIÓN EUROPEA (1998): "Comercio electrónico y fiscalidad indirecta", comunicación al consejo de Ministros, al Parlamento Europeo y al Comité Económico y Social, 17 de junio de 1998, COM (98) 374. http://eur-lex.europa.eu/smartapi/cgi/sga_doc?smartapi!celexplus!prod!DocNumber&lg=es&type_doc=COMfinal&an_doc=1998&nu_doc=374

UNIOÓN EUROPEA (2014): Report of de Comissión Expert Group on Taxation of the Digital Economy. Disponible en: http://ec.europa.eu/taxation_customs/resources/documents/taxation/gen_info/good_governance_matters/digital/report_digital_economy.pdf Consultado: el 23 de mayo de 2016.

UNCITRAL (1996): "Model Law on Electronic Commerce with Guide to Enactment", Naciones Unidas. http://www.uncitral.org/pdf/english/texts/electcom/05-89450_Ebook.pdf

UNCTAD (2000): Building Confidence. Electronic Commerce and Development.
http://r0.unctad.org/ecommerce/docs/edr00_en.htm

UNIÓN INTERNACIONAL DE TELECOMUNICACIONES (UIT) (2010): "Medición de la Sociedad de la Información". http://

www.itu.int/ITU-D/ict/publications/idi/2010/Material/MIS_2010_without_annex_4-e.pdf
WATSON, R.T., BERTMON, P., PITT, L.F., y ZINKHAN, G.M. (2000): Electronic Commerce. Ed. Harcourt Collage Publishers.
ZIMMERMANN, H., y V. KOERNER (2000): Understanding the Digital Economy: Challenges for New Business Models. University of St. Gallen: Institute for Media and Communications Management.

COLECCIÓN FISCALIDAD

Dirigida por Rafael Calvo Ortega

1. **RÉGIMEN TRIBUTARIO DE LA EMPRESA FAMILIAR**
   VAQUERA GARCÍA, A.
   2004. 288 págs.

2. **IMPUESTO MUNICIPAL SOBRE EL INCREMENTO DE VALOR DE LOS TERRENOS (PLUSVALÍAS)**
   ÁLVAREZ ARROYO, F.
   2004. 243 págs.

3. **RESERVA DE LEY ESTATAL Y AUTONOMÍA TRIBUTARIA: CUESTIONES CONFLICTIVAS**
   CALVO VERGER, J.
   2006. 228 págs.

4. **LAS ACTIVIDADES DE COLABORACIÓN DE LOS PRIVADOS CON LA ADMINISTRACIÓN TRIBUTARIA: EN TORNO A UN NUEVO ORDENAMIENTO**
   CALVO ORTEGA, R.
   2006. 234 págs.

5. **FACTORES QUE INCIDEN EN EL CUMPLIMIENTO VOLUNTARIO DE LAS OBLIGACIONES TRIBUTARIAS**
   ARANA LANDÍN, S.
   2008, 242 págs.

6. **MUTUALIDADES DE PREVISIÓN SOCIAL: ASPECTOS MERCANTILES Y FISCALES**
   CALVO VÉRGEZ, J.
   2009. 280 págs.

7. **EL IMPUESTO DE SUCESIONES: ¿UN IMPUESTO INJUSTO? CONSIDERACIONES DE EQUIDAD FRENTE AL INCIERTO FUTURO DEL GRAVAMEN SOBRE LAS HERENCIAS**
   NAVAU MARTÍNEZ-VAL, M.ª P.
   2009. 484 págs.

8. **LA RELEVANCIA JURÍDICA DE LA MOTIVACIÓN FISCAL INFLUENCIA DEL "BUSINESS PURPOSE" EN EL ORDENAMIENTO TRIBUTARIO ESPAÑOL**
   MARÍN BENÍTEZ, G.
   2009. 223 págs.

9. **EL DERECHO CONSTITUCIONAL A UNA VIVIENDA DIGNA. RÉGIMEN TRIBUTARIO Y PROPUESTAS DE REFORMA**
   BORGIA SORROSAL, S.
   2009. 312 págs.

10. **LA NULIDAD DE PLENO DERECHO DE LOS ACTOS TRIBUTARIOS: CAUSAS QUE LA ORIGINAN Y PROCEDIMIENTO PARA SU DECLARACIÓN**
CALVO VÉRGEZ, J.
2010, 186 págs.

11 **ESTUDIO JURÍDICO DE LOS INCENTIVOS FISCALES A LA I+D+I**
DE HARO IZQUIERDO, M.
2010. 290 págs.

12. **LA EXPERIENCIA DE LOS PRESUPUESTOS PARTICIPATIVOS EN LOS ENTES LOCALES**
CALVO VÉRGEZ, J.
2011. 428 págs.

13. **LA RECAPITALIZACIÓN DE LAS ENTIDADES FINANCIERAS**
CALVO VÉRGEZ, J.
2013, 508 págs.

14. **TRIBUTACIÓN BANCARIA EN LA UNIÓN EUROPEA**
HERNÁNDEZ GONZÁLEZ-BARREDA. P. A.
2012. 200 págs.

15. **LA DELIMITACIÓN IVA-TPO EN LAS OPERACIONES INMOBILIARIAS**
ALBA GIL, C.
2014. 500 págs.

16. **LA ARMONIZACIÓN DEL IMPUESTO SOBRE HIDROCARBUROS EN LA UNIÓN EUROPEA**
CÁMARA BARROSO, M.ª C.
2014, 318 págs.

17. **LA PROGRESIVIDAD EN LAS REFORMAS TRIBUTARIAS**
SOLER BELDA, R.
2015, 354 págs.

18. **LA RESPONSABILIDAD TRIBUTARIA SUBSIDIARIA**
CALVO VÉRGEZ, J.
2016, 406 págs.

19. **MEDIDAS FISCALES DE LAS COMUNIDADES AUTÓNOMAS APROBADAS MEDIANTE DECRETOS-LEYES. RECOPILACIÓN Y ANÁLISIS CRÍTICO**
CUBERO TRUYO, A.
2016, 436 págs.

20. **LA RESPONSABILIDAD TRIBUTARIA EN LAS TRANSMISIONES INTER VIVOS DE EMPRESAS**
SELMA PENALVA, V.
2016, 332 págs.

21. **LA ECONOMÍA DIGITAL Y EL COMERCIO ELECTRÓNICO. SU INCIDENCIA EN EL SISTEMA TRIBUTARIO**
ÁLAMO CERRILLO, R.
2016, 186 págs.

Made in the USA
Monee, IL
04 November 2026

67385358R00105